Excuses per no pensar

Com ens enfrontem amb les incerteses de la nostra vida

l'àncora

Excuses per no pensar

Com ens enfrontem amb les incerteses de la nostra vida

Eduard Punset

Traducció de Sabina Galí

Edicions Destino

Títol original: *Excusas para no pensar. Cómo nos enfrentamos a las incertidumbres de nuestra vida*

Columna Edicions, S.A.
Carrer Peu de la Creu, 4 - 08001 Barcelona
Primera edició: abril del 2011
ISBN: 978-84-9710-192-9
Dipòsit legal: B. 11.182-2011
Fotocomposició: Víctor Igual, S.L.
Carrer Aragó, 390 - 08013 Barcelona
Imprès a: Cayfosa

Dedico aquest llibre a tots els
que han descobert que hi ha vida
abans de la mort.

Pròleg

«Cap de les teves neurones no sap qui ets... ni li importa»

Qualsevol excusa és bona perquè una persona pensi que el que li convé és no sols convenient, sinó el més convenient. Ens aferrem indefectiblement a aquesta excusa per no haver de pensar innovant o canviant d'opinió. Se sap que el cervell recorre a mil subterfugis per no haver-nos de donar cops de cap a la paret. El que li importa no és la recerca de la veritat, sinó sobreviure. I si per aconseguir-ho és millor no pensar o continuar pensant com abans, doncs troba una excusa meravellosa per no pensar més.

Tant és així que els últims experiments neurocientífics tendeixen a qüestionar el que ens entestem a anomenar decisions conscients, ja que ens revelen que, deu segons abans d'optar per una solució, les neurones han decidit la mena de decisió que prendrem. Sense que nosaltres ho sapiguem. Passa una cosa semblant amb el sistema motor, que opta per un múscul d'una mà o una altra cinc segons abans que l'activem.

«Llavors vaig tenir raó d'escriure a la samarreta del meu grup al Facebook: "Cap de les teves neurones no sap qui ets... ni li importa"?», li vaig preguntar al neurocientífic britànic John Dylan Haynes, reconegut mundialment per les seves proves de ressonància magnètica i imatge aplicades a l'estudi de l'inconscient.

«Tenies tota la raó del món», va ser la seva resposta.

Tenint en compte el pes exorbitant de l'inconscient —tant o més complex que molts processos cognitius considerats conscients—, resulta que estem més desarmats que no ens pensàvem per jutjar-nos a nosaltres mateixos. I, no obstant això, ens entestem a escodrinyar-nos només a nosaltres mateixos, a contemplar-nos minuciosament els intestins i decidir, a la llum del que no veiem, si som bons o dolents, si estem predeterminats per a l'èxit o el fracàs, si expressem empatia envers el dolor dels altres o si, com els psicòpates, no tenim sentiments; sobretot no tenim la comprensió dels sentiments aliens.

Tant ens costa acceptar que estem més ben preparats per jutjar els altres, analitzar el món de fora i, particularment, la bandada de què formem part, que el significat de l'esclat de les nostres pròpies neurones, al qual sempre arribem tard, a misses dites? «Tu ets liberal o socialdemòcrata, Eduard?», em va preguntar un gran amic fa vint anys. «Això ho sabreu els que continueu vius quan els meus àtoms s'hagin desintegrat».

Aquest llibre parteix de les reflexions sobre una cosa fascinant: el que els passa als altres per dins —i no pas en les pròpies entranyes, que en això ja hi pensem prou—. És el que em va demanar *XLSemanal*, el suplement dominical del grup Vocento, el més llegit de tots els setmanaris. Durant uns tres anys he parlat amb els tristos i apesarats per aprendre el que ells no sabien: les causes del desamor i els seus efectes; he conversat amb els optimistes que no trobaven al seu voltant ningú prou infeliç per fer-los qüestionar el seu futur; he intentat convèncer molts que hi havia vida abans de la mort i que ara podíem, si no transformar el món, sí almenys transformar amb paciència el nostre cervell; multitud d'ànimes en pena han constatat amb mi que la felicitat és l'absència de por, de la mateixa manera que la bellesa és l'absència de dolor.

Els lectors sabien que el nivell de fluctuacions asimètriques d'una cara amb relació a la mitjana explica millor que uns llavis gruixuts o uns malucs amples si algú resulta seductor o no? És possible que encara no sapiguem com funcionen els mecanismes d'aprenentatge dels altres?

Com més hi penso més em reafirmo en la convicció que la pregunta més òbvia, la que ens hauríem d'haver fet fa desenes de milers d'anys per sobreviure, és què els passa als altres per dins. Em paren pel carrer, escolto el discurs dissonant de la gent sobre per què són com són sense ser-ho i em quedo fascinat que em regalin una altra oportunitat d'aprofundir en el fet que les seves neurones no els fan cas.

Primer vam creure que els dogmes, encara que exigissin sacrificis humans, podien explicar-ho tot. Després vam descobrir que l'ànima es trobava al cervell però que en guardava zelosament tots els secrets. Finalment, ara esperem, i amb raó, que les ressonàncies magnètiques, reveladores de les empremtes que han deixat al cervell l'expressió dels gens i l'experiència individual, ens expliquin la veritat: com es pren una decisió, realment?, quins canals utilitzem per emmagatzemar els records en la memòria a llarg termini?, de quina manera gestionem les emocions bàsiques i universals?, planifiquem els trenta anys de vida redundant que ens regala l'allargament de l'esperança de vida? i, sobretot, per què han de disminuir contra tota evidència els índexs de violència al planeta i augmentar els d'altruisme?

Quan hàgiu acabat la lectura d'aquest llibre, els lectors haureu trobat suggerits nous camins que, molt probablement, us induiran a canviar d'opinió, i de vida. I sabreu explorar millor les grans incerteses que suposadament us amenacen. Quins són aquests camins?

Primer, que estem programats, és veritat, genèticament i cerebralment, però *programats per ser únics* perquè ens havíem oblidat de l'impacte neuronal de l'experiència individual. Podem transformar el nostre cervell.

Segon, que *la felicitat es troba a la sala d'espera de la felicitat* i que, per tant, no hauríem de menystenir el benestar amagat en els sovint llargs itineraris que hi condueixen.

Tercer, que si la felicitat és també l'absència de por és igualment veritat que *la bellesa és l'absència de dolor*: el que fa percebre un rostre o un esdeveniment com a bonics és el fet que el metabolisme d'aquell organisme o estructura funciona adequadament, d'acord amb les lleis físiques de la simetria.

Quart, la gent del carrer es queda sorpresa i agradablement reconeguda quan junts intuïm una veritat que no hauríem d'haver oblidat mai: que *hi ha vida abans de la mort* i que semblaria lògic que aquest pensament fos el que presidís les nostres accions, en comptes de continuar preguntant-nos només si hi ha vida després de la mort.

Cinquè, que *el cervell, lluny de buscar la veritat, el que vol és sobreviure*; d'aquí ve que qualsevol desmentiment de les seves creences generi la repulsa inicial. Enfrontat amb una opinió diferent, no només la rebutja, sinó que s'inhibeix per ni tan sols no haver de considerar-la. El contrari l'obligaria a reconsiderar tot el seu plantejament defensiu.

Sisè, que no és correcte intentar definir la intel·ligència com s'ha fet fins ara: els homínids ho eren i la resta dels animals no. *Ara resulta que poden existir organismes intel·ligents entre la resta dels animals, i humans que no ho són.* La intel·ligència depèn de si es donen, simultàniament, tres condicions: flexibilitat de criteri que permeti canviar d'opinió, capacitat per dissenyar representacions mentals que permetin predir el que passarà i, finalment, possibilitat de ser innovadors.

Setè, que l'important per innovar no és tant la disponibilitat de recursos com el coneixement necessari per progressar. Hem estat acostumats, en els anys del miracle econòmic, que n'hi havia prou d'aportar més recursos per superar les dificultats, oblidant que *el futur no dependria tant de la quantitat de recursos com de la tecnologia i del coneixement*.

Vuitè, que el sistema educatiu que va donar feina a les generacions anteriors ara és incapaç de facilitar-ne als joves si no estan dotats de les noves competències per obrir-se camí: *la capacitat de concentració, la vocació de resoldre problemes, la voluntat de treballar en equip, la capacitat de desenvolupar la intel·ligència social i aprendre, per fi, a gestionar les emocions.*

Novè, que *el cervell té sexe* i que els homes —al contrari que les dones— irrompen en la pubertat més tard i es comporten tota la vida com si tinguessin dotze anys; en elles, el comportament infantil desapareix amb l'edat, mentre que en ells perdura tota la vida. El més irrellevant és la diferència del sistema límbic.

Desè, que ara sabem, després de nombroses megaenquestes i experiments científics, les dimensions de la felicitat sense les quals és molt difícil que, de mitjana, la felicitat es doni en els humans: *relacions personals, control sobre la pròpia vida, saber submergir-se en el flux de la vida i gaudir-ne.* Les altres variables (com els nivells de renda, l'educació o la capacitat de resoldre problemes) només mostren una certa correlació amb la felicitat en determinades condicions.

Onzè, que ningú no pretengui fonamentar l'harmonia en la parella, reformar el sistema educatiu i gestionar el món de l'empresa sense *conciliar entreteniment i coneixement.* Sense fusionar en el món modern els dos conceptes tradicionalment antagònics no funcionarà ni la parella, ni l'educació ni la vida corporativa.

Finalment, que el col·lapse de les prestacions sanitàries, educatives i de seguretat ciutadana, arran de la necessària universalització d'aquestes prestacions, en un món cada vegada més globalitzat, només podrà abordar-se amb èxit des de supòsits radicalment nous de les polítiques de prevenció. En comptes d'aportar més recursos per fer front a les creixents demandes de prestacions, *la solució rau a engegar polítiques preventives que minvin les demandes ulteriors.*

Barcelona, març del 2011

Itinerari 1

L'origen de tot

On i com va sorgir la vida?

L'origen de la vida continua sent una de les principals qüestions sense resoldre de la ciència. Encara desconeixem si la vida és un fenomen molt probable o, al contrari, altament improbable. En aquest sentit, les opinions entre els científics són dispars. N'hi ha que creuen que la vida constitueix un fenomen químic insòlit que va sorgir una sola vegada en tot l'Univers observable. En canvi, altres científics pensen que la vida sorgeix d'una manera natural, gairebé automàtica, d'acord amb unes lleis que serien propenses a la vida.

Una possibilitat és que la vida no s'hagi originat a la Terra, sinó que hagi arribat d'un altre planeta. Per exemple, es podria haver originat a Mart, d'on posteriorment hauria arribat a la Terra a bord d'asteroides o cometes.

Tant si es va iniciar a Mart com si ho va fer a la Terra, la pregunta continua sent on. Va ser a la superfície o potser en les profunditats? Ambdues superfícies eren llocs molt perillosos a causa de les col·lisions de meteorits. Així, sembla raonable buscar la vida sota la superfície, on ja hem trobat microbis que poden tolerar temperatures extremes, fins i tot superiors al punt d'ebullició de l'aigua.

Més complex resulta entendre com va poder originar-se. Sabem que una barreja d'elements químics va donar lloc a alguna cosa amb vida. S'han fet experiments al laboratori per intentar reproduir aquestes condicions, però tots han fracassat, perquè la vida no està feta de res especial. La cèl·lula viva no és una matèria màgica, sinó un superordinador, un sistema de processament i reproducció d'informació tan avançat que els nostres ordinadors resulten patètics, en comparació. La natura ha produït una màquina de processament d'informació inigualable: la cèl·lula viva.

El secret de la vida no rau en el *hardware*, sinó en el *software*. Els nostres gens són conjunts d'instruccions que ens ajuden a fer coses i a dur a terme projectes. La complexitat basada en instruccions és la clau de la vida.

El físic britànic Paul Davies ho resumeix molt bé. Diu que quan abordem el problema de l'origen de la vida, fem front a tres grans misteris. Volem saber quan es va establir la vida per primera vegada a la Terra; volem determinar on va tenir lloc, i, per acabar, volem descobrir com va passar: com un conjunt de substàncies químiques inertes van poder transformar-se en una cosa amb vida. Hem avançat molt en les primeres dues qüestions. Per exemple, mitjançant el registre fòssil, trobem rastres molt antics de vida a la Terra. A Austràlia hi ha roques que daten de fa tres mil cinc-cents milions d'anys, en les quals apareixen signes de fòssils microscòpics. Es calcula que la Terra té uns quatre mil cinc-cents milions d'anys, i durant els primers set-cents milions d'anys va estar sotmesa a un bombardeig constant de cometes i asteroides: les condicions de la superfície de la Terra eren realment hostils i aquesta situació es va prolongar fins fa uns tres mil vuit-cents milions d'anys.

Així doncs, sembla que la vida a la Terra va sorgir amb força rapidesa tan bon punt les condicions van començar a ser favorables, la qual cosa apunta que potser no comencés a la Terra, sinó que arribés al nostre planeta procedent d'algun altre lloc.

A la recerca d'altres formes de vida

Segons Davies, la manera més directa de respondre aquestes preguntes no és només continuar reflexionant-hi, sinó descobrir una altra forma de vida, sigui creant-la al laboratori o buscant-la en altres planetes. Veuríem un únic arbre de la vida, no un altre de diferent. Davies no creu que estiguem sols a l'Univers; pensa que hi ha vida en molts planetes i, per això, per descobrir el principi de la vida cal buscar-la.

Si resultés que la vida sorgeix amb facilitat i que està estesa per l'Univers, probablement va sorgir més d'una vegada a la Terra. Si reculem fins a les primeres etapes de l'evolució terrestre, quan el planeta estava sotmès a un autèntic bombardeig de meteorits, sens dubte va haver-hi períodes entre els grans impactes en què la vida podria haver sorgit i, posteriorment, haver estat anihilada per alguna gran col·lisió. Per tant, podem imaginar una àmplia successió de processos de gènesi. Aquesta idea planteja la possibilitat que potser alguna d'aquestes formes de vida no hagi estat del tot anihilada, sinó que hagi sobreviscut en llocs recòndits, potser sota terra... i podria seguir-hi encara.

Un descobriment d'aquesta naturalesa seria sensacional: una altra forma de vida aquí a la Terra suposaria una resposta als somnis dels biòlegs. Seria, probablement, el descobriment més important en la història de la biologia. Potser podrem trobar una forma de vida que pugui viure a una temperatura superior fins i tot a la dels hipertermòfils (organismes que viuen en ambients de temperatura extrema) i els extremòfils (organismes que viuen en ambients de condicions extremes d'acidesa, pressió, radiació, etc.), que ja coneixem. De manera que és possible que hi hagi formes de vida extraterrestre molt més a prop del que ens imaginem.

Últimes notícies des de l'Univers

El gran divulgador científic i astrònom Carl Sagan va morir de tristesa —diuen les bones llengües— quan va descobrir que no hi havia ni rastre de vida a l'Univers, excepte la nostra al planeta Terra. A diferència del que avui dia creu Paul Davies, Sagan assegurava que estàvem sols i que no podríem compartir mai les nostres vivències amb altres. És més, no sabríem mai el que realment som, ja que en ser l'únic exemple de vida a l'Univers no podríem comparar-nos amb altres formes de vida. D'aquesta manera seria impossible definir-nos a nosaltres mateixos. D'aquí arrenca, amb tota probabilitat, l'embolic en què continua ficada una bona part de la humanitat quan es pregunta com va començar tot.

La confusió impera tant en la versió religiosa de l'origen del món com en la dels que estan convençuts que tot s'hauria iniciat amb l'explosió del Big Bang fa catorze mil milions d'anys. Si fos veritat que Déu va crear el món, on era el Creador abans de la Creació? Si, al contrari, tota la matèria que veiem al nostre voltant procedeix de la bola de foc que va esclatar amb el Big Bang, d'on va venir aquesta bola? L'Univers es va crear a partir del no-res?

Hi ha grans novetats en aquest camp que no haurien saciat del tot la curiositat de Carl Sagan, però de segur que no l'haurien sumit en la tristesa. Fins fa molt poc, gràcies a les investigacions de científics com Edwin Hubble —darrere la nostra galàxia hi ha milions d'altres galàxies— o Alan Guth —la teoria inflacionista de l'Univers— sabíem amb una exactitud sorprenent tot el que va passar després del primer segon del començament de tot, fa gairebé catorze mil milions d'anys. Això sí, no sabíem res del que hi havia un segon abans: estàvem convençuts que no hi havia res.

Aquesta teoria de l'origen de l'Univers la compartíem també amb l'Església, a la qual convenia molt —perquè era compatible amb les Sagrades Escriptures— que l'Univers tingués un començament. Abans no hi havia res de res, i després Déu va crear el món. Per una vegada, científics i teòlegs estaven totalment d'acord: en un moment donat es va produir l'expansió d'una partícula que va iniciar el temps i va crear l'espai de matèria i energia, que es van expandir a velocitats i temperatures increïbles, abans de refredar-se gradualment al llarg dels últims tretze mil milions d'anys. Si hi ha hagut una convicció consensuada, plasmada fins i tot en els llibres, ha estat la història del cosmos. Sobretot, des que dos enginyers d'una multinacional, Arno Penzias i Robert Wilson —quan buscaven on instal·lar una antena que no patís interferències— van descobrir l'anomenada radiació còsmica de fons: encara que et col·loquessis al lloc més remot del planeta, continuaries rebent la radiació còsmica de fons que va deixar el Big Bang. Van obtenir el premi Nobel de Física pel seu descobriment.

Com diu l'astrofísic Rafael Rebolo, de l'Institut Astrofísic de Canàries: «Per a l'astrònom, mirar el cel és mirar al passat». L'Univers ens proporciona rastres de com en va ser l'origen. I construïm telescopis i instruments complexos per tractar de descobrir aquestes empremtes que al llarg de la història de l'Univers han quedat impreses en fenòmens que avui podem registrar i mesurar. De la mateixa manera que un arqueòleg entra en una piràmide i troba els vestigis intactes d'una civilització passada, a l'Univers trobem empremtes intactes de com haurien pogut ser els seus primers instants.

Què va passar abans del començament?

Però, de la mateixa manera que en el conte de *Les set cabretes i el llop* el llop ensenya la pota per sota de la porta per amagar la seva identitat, aquesta radiació còsmica de fons testificava l'explosió prèvia del Big Bang que va engendrar l'Univers.

Ara, de sobte, uns físics que estan en l'avantguarda del pensament científic han sotmès a l'escrutini dels seus col·legues una teoria sobre l'origen del cosmos del tot diferent i igualment plausible. Tant els científics laics com els teòlegs interessats en la ciència s'haurien equivocat. El que els uns i els altres consideren el moment exacte de la creació no seria més que la repetició d'un cicle infinit de col·lisions colossals entre el nostre món i un univers invisible i paral·lel.

Paul Steinhardt, físic teòric de la Universitat de Princeton, és el pare d'un d'aquests models que intenten simplificar l'explicació de l'origen de l'Univers. Steinhardt explica com durant els últims cinquanta anys hem estat convençuts que l'Univers va tenir un principi ben definit; que va passar del no-res (cap espai, cap temps, cap energia, cap matèria) a ser alguna cosa a través de processos que mai no hem acabat d'entendre ben bé. I que tot el que va passar a l'Univers va tenir lloc a partir d'aquest moment inicial.

Aquesta ha estat la idea predominant, però ara comencem a qüestionar-nos-la. El que aquest físic apunta és que pot ser que el que coneixem com el Big Bang no fos realment el principi, que potser en aquell moment va passar algun fet dràstic que hauria generat molta matèria; potser la matèria que ens conforma es va crear llavors, però malgrat tot el Big Bang no va ser el principi.

Tal vegada l'espai i el temps ja existien abans, i els esdeveniments crucials que van donar lloc a tot el que observem a l'Univers actual no van ocórrer després del Big Bang, sinó abans, i tot el que veiem a l'Univers són les empremtes, els vestigis d'esdeveniments que van passar abans de la gran explosió. Aquesta és la idea que ara s'està investigant.

Altres universos

L'Univers visible no és més que una petitíssima part d'una realitat més àmplia que no podem veure perquè hi ha altres dimensions: set, a més de les tres espacials a què estem acostumats. Segons una nova hipòtesi cíclica de l'Univers, no és cert que el temps s'iniciés amb l'últim Big Bang. El temps ja existia perquè és infinit i presideix una sèrie consecutiva de col·lisions cada trilió d'anys entre el nostre món i els altres universos.

Arran d'aquesta conflagració neix un univers, diminut al començament, que s'expandeix perquè la força de l'impacte comporta l'expansió continuada de l'espai. Bancs de gas dibuixen galàxies i altres estructures còsmiques mentre l'espai continua expandint-se.

Aquest és, més o menys, el moment en què ens trobem ara. Al cap d'un trilió d'anys des de l'últim Big Bang gairebé totes les estrelles s'hauran extingit i l'Univers s'haurà buidat. Però quedarà prou energia per a una nova col·lisió, que es repetirà eternament.

Diversos científics suggereixen que tot el que veiem a l'Univers pot ser una empremta del que va tenir lloc abans del Big Bang.

La pregunta és què passarà ara amb l'Univers segons aquesta nova teoria. Steinhardt creu que per respondre aquesta pregunta

és necessari anar cap enrere, fins fa quatre mil milions d'anys, quan l'Univers consistia bàsicament en matèria. Va ser llavors quan es va produir un canvi fonamental: aquesta matèria es va transformar fins a arribar a estar dominada per una nova forma d'energia que anomenem energia fosca, que té un tipus de força gravitatòria molt peculiar: en comptes d'atreure, repel·leix. S'ha descobert que, en realitat, la major part del que hi ha a l'Univers avui dia és de tipus autorepulsiu. De manera que aquesta energia no només s'està separant mitjançant la gravetat, sinó que fa que l'Univers se separi, que l'expansió s'acceleri, de manera que s'està convertint en un espai més i més buit. Les seves dimensions s'estan doblant. Així doncs, hi ha coses que veiem ara que perdrem de vista en el futur. L'Univers s'assemblarà cada vegada més a un erm.

Aquest procés es repeteix aproximadament cada bilió d'anys; per això diem que és un model cíclic: aquesta energia, més la gravetat, es transforma de nou en un gas molt dens de matèria, i el procés torna a començar. Comença de nou amb un gas molt calent, que després s'expandeix i es refreda per formar nous àtoms i pols, i planetes i estrelles.

La idea és que el Big Bang no va tenir lloc una sola vegada, sinó que es repeteix a intervals regulars, i que aquesta empremta, formada en la radiació de fons de microones, les arrugues que van ser tan importants per configurar l'estructura de l'Univers, van ser arrugues que es van crear en el que va desembocar en el Big Bang, abans del Big Bang, que van correspondre a esdeveniments anteriors, i que van acabar determinant l'evolució de l'estructura en el cicle següent. Cada cicle deixa una empremta en el cicle immediatament posterior, i tots estan vinculats entre ells. El cosmòleg Alexander Vilenkin també creu que hi va haver molts Big Bangs, i assegura que n'hi haurà un nombre infinit en el futur que donaran lloc a regions com la nostra, que ell defineix com a bombolles en expansió.

Per què és tan atractiva la idea d'un cosmos cíclic que es repeteix? En la literatura hindú antiga, per exemple, la cosmologia ja estava basada en un univers cíclic; i tampoc no en falten exemples en el pensament occidental. Si l'Univers té un començament, has d'explicar quan i com va començar. Un Univers cíclic, en canvi, és etern, i el seu començament no requereix cap explicació.

L'evolució del nostre planeta

La vida viatja sobre les plaques tectòniques, que es mouen a la velocitat a què ens creixen les ungles. Sabem, des de fa molts anys, que el nostre interior alberga un inconscient que en moltíssimes ocasions és el responsable sigil·lós de les decisions que prenem. El que no ens imaginàvem, fins fa molt poc, és que el planeta Terra també té un inconscient que defineix les grans fites de la vida terrestre.

Durant els segles XIX i XX, els geòlegs van acumular dades per traçar el mapa del planeta i els seus replecs, però no hi havia una teoria per explicar-ho tot. Això convertia els geòlegs en poc més que col·leccionistes de segells. I de sobte una teoria simple —la interacció d'unes quantes plaques tectòniques que es mouen sobre un oceà de magma— va explicar tots els fenòmens geològics. Per fi hi havia un model per a la Terra.

Els quaranta anys següents han estat una exploració de les implicacions d'aquesta idea insòlita. El perillós suggeriment de Darwin —l'evolució acumulativa per selecció natural— va fer per la biologia el que la tectònica de plaques va fer per la geologia: va crear una teoria del tot.

Fa dos-cents cinquanta milions d'anys, Pangea, el supercontinent que va existir durant l'era Mesozoica abans que el procés de les plaques tectòniques separés els continents, es va dividir i va començar el camí fins a configurar el mapa del món que coneixem avui. Molt abans ja s'havien conglomerat altres supercontinents. Dels quatre mil cinc-cents milions d'anys que té la Terra, tres quartes parts poden explicar-se mitjançant la tectònica de plaques. Plaques que han creat l'entorn al qual la vida va haver d'adaptar-se per selecció natural.

Avui veiem les conseqüències de milions d'anys de moviments tectònics als paisatges i la vida que els habita. La Terra, com la vida, també ha evolucionat. Les plaques són el llenguatge d'aquesta evolució, de la mateixa manera que els gens narren l'evolució dels organismes. La tectònica de plaques no només perfila la geologia, sinó que també és a la base dels moments més importants de les societats humanes.

Quan els diferents continents en constituïen un de sol, com tornarà a passar d'aquí a milions d'anys, la persecució dels depredadors envers les seves víctimes no tenia fi, ja que no hi havia límits geogràfics i multitud d'espècies es van extingir. La caiguda de moltes civilitzacions es deu al canvi climàtic produït per un volcà: les cendres llançades a l'atmosfera poden canviar el clima i els conreus, i crear un efecte a escala global. I els volcans —com els terratrèmols, les fosses oceàniques, les cadenes muntanyoses i els grans sistemes de falles— només poden explicar-se pel moviment de la tectònica de plaques.

La vida inconscient del planeta no sempre condueix al desastre. La lluita pels metalls —or, plata, coure o ferro—, pel petroli o pels materials radioactius ha determinat la història humana, que, al seu torn, està programada per raons geològiques pel moviment de les plaques.

Vam haver d'acceptar que no érem el centre de l'Univers; que els humans no estàvem fets de materials diferents; que caminem, literalment, sobre núvols d'electrons; que el nostre genoma ens identifica com a primats socials; que a penes coneixem una quarta part de la matèria que constitueix l'Univers; que més del 90% de la realitat és invisible; que el mateix percentatge de les nostres decisions el prenem en funció d'emocions que no controlem, i que el marc de la vida està programat per les plaques tectòniques.

Potser l'única taula de salvació a la qual ens poden agafar és que som els únics que som conscients que som conscients que tot l'anterior passa. Encara que això continuï sense explicar l'esperit prepotent i dogmàtic que domina tanta gent.

El llarg viatge dels nostres avantpassats

1) *Per què som diferents els uns dels altres*

Tot va començar amb la gran migració procedent de l'Àfrica, fa més de cinquanta mil anys. Aquells homínids constituïen un grup de persones molt reduït, entre altres raons perquè al continent només hi vivien unes cinc mil persones. Ignorem la raó per la qual el nombre d'éssers humans s'havia reduït tant; potser es va deure a una gran sequera o una altra catàstrofe semblant.

Els estudis genètics també indiquen que els que van abandonar l'Àfrica pertanyien a un únic grup tribal, d'unes cent cinquanta persones —la mida típica d'aquesta mena de tribus—. En concentrar-se la migració en un sol grup, podem deduir que totes les persones d'ascendència africana que viuen en altres continents descendeixen d'unes poques parelles. Els membres d'aquella tribu emigrant tenien la pell fosca i, probablement, parlaven el mateix idioma. Alguns se'n van anar a Austràlia; uns altres, a l'Àsia.

Entre vint mil i trenta mil anys després, els aborígens d'Austràlia mantenen una civilització pràcticament calcada a la dels seus avantpassats africans. En canvi, els descendents dels que van migrar a l'Àsia i a Europa van desenvolupar una civilització diferent. Una de les preguntes més interessants sobre la Prehistòria és la que mira de comprendre com, malgrat el nostre origen comú, hi ha societats que s'han mantingut gairebé intactes, mentre que d'altres s'han transformat.

La hipòtesi d'alguns científics és que la pressió del medi ambient va resultar determinant per modelar les diferents formes de vida. Els éssers humans havien d'adaptar-se a condicions diferents segons la zona on visquessin. Les primeres persones que van emigrar de l'Àfrica es van dirigir cap a l'est fins a arribar a Austràlia, i s'hi van adaptar, perquè l'espècie humana inicial era tropical i preferia viure en països càlids. Però aquells que van arribar a l'Àsia i a Europa es van anar empenyent, gradualment, terra endins. En aquella època —a la cúspide de l'última glaciació—, els éssers humans que van migrar cap a latituds del nord es van veure sotmesos a enormes pressions per sobreviure en climes molt freds. No van tenir més remei que crear noves formes d'organització i supervivència.

En la primera etapa, les diferències entre les diverses formes de vida probablement no eren tan marcades com ulteriorment, ja que, durant uns trenta-cinc mil anys, l'ésser humà va continuar vivint a tot el món d'acord amb els costums del caçador-recol·lector. El gran canvi no va tenir lloc fins fa a penes quinze mil anys, quan es van formar els primers assentaments humans, probablement arran d'un profund canvi genètic en el nostre ADN mitocondrial, que ens va transformar en éssers menys agressius, una mica més amables o, almenys, prou pacífics per poder crear comunitats estables i aprendre a conviure. Els nostres avantpassats eren terriblement agressius. Hi ha moltes proves que les societats primitives es barallaven sense parar i que l'exterminació era una pràctica habitual. Quan les societats primitives s'embrancaven en una guerra, no feien presoners, excepte per emportar-se'ls a casa, encebar-los i després menjar-se'ls. Eren guerres fins a la mort. Per això el canvi cap a una societat menys agressiva va ser fonamental per a l'evolució.

2) *La cuina ens va fer humans*

Però anem més enllà. Ara que sabem que la convivència social va ser clau per a l'evolució de la nostra espècie, cal que ens preguntem què va ser, exactament, el que ens va fer humans.

Els criteris que se suposava que ens tornaven més humans tenien a veure amb la mida del cervell, de vegades; amb la seva capacitat metafòrica, que no depenia necessàriament de les dimensions cerebrals, altres vegades; amb l'adopció del sistema motor bípede a la sabana africana; amb el canvi de dieta omnívora; amb el sistema d'ovulació oculta; amb els primers assentaments agraris; amb el naixement del llenguatge parlat i, milers d'anys després, de l'escrit, i amb la capacitat de fabricar màquines eina. «Això sí que ens distingeix de la resta dels animals», s'afirmava taxativament. Doncs resulta que és mentida.

El que ens distingeix realment i accentua la nostra diferenciació no té res a veure —o molt menys que no es pensava— amb la grandària del cervell; l'home de Neandertal el tenia més gran que els nostres avantpassats directes, però algunes parts importants d'aquell cervell no s'utilitzaven de forma adequada. La capacitat metafòrica que permetia relacionar dominis dispars com el biològic i el dels materials era més aviat el resultat d'una cosa més important, esdevinguda amb anterioritat, però que no era en ella mateixa la causa del gran pas endavant. El fet de posar-se a caminar —o, més ben dit, a córrer— amb dues cames en comptes de quatre potes patenta el model teòric per executar el major desplegament d'energia amb el menor consum possible. Sens dubte que menjar carn —i no només vegetals— subministra més energia!... Però els nostres avantpassats van ser carnívors molt abans que homínids com nosaltres. L'ovulació oculta de les femelles va exercir un paper fonamental per disminuir els nivells d'infanticidi, primer, i induir l'enfortiment de la parella, després. Però no va definir gens o pràcticament gens la nostra condició d'humans. Passa el mateix amb la monogàmia, que deixa intacta l'espècie, però la fa més perdurable. La parla, en contra del que s'ha dit tan sovint, no ens ha fet humans, com tampoc la capacitat de fabricar eines per sobreviure. Que ho preguntin si no als ximpanzés!

Ha estat Richard Wrangham, professor de biologia i antropologia de la Universitat de Harvard, qui ha posat el dit a la nafra. Encara que a molts paleontòlegs i fisiòlegs els costi de creure, resulta que va ser la cuina el que ens va fer humans.

Cuinar permet menjar quantitats considerables d'aliments sense un gran esforç digestiu i concentrar recursos dietètics sense necessitat de grans magatzems per conservar el pinso. Te les arregles perfectament amb un estómac molt més petit que el de l'home primitiu i el de les vaques, i et resulta més fàcil obtenir l'energia dels aliments. La cuina ens afalaga amb sabors i ens fa més feliços. Què més volem? L'únic que fa falta és el foc. Per ser humans com nosaltres calia cuinar i, per tant, haver descobert el foc una mica abans del que havíem cregut fins ara. Wrangham assegura que les dents se'ns van tornar molt més petites que les dels nostres avantpassats fa un milió nou-cents mil anys, amb l'*Homo erectus*, amb la qual cosa aquesta va ser la primera espècie que va cuinar els aliments, ja que no tenien una dentadura apta per mastegar menjar cru, perquè cal tenir-la molt grossa per poder mastegar la fibra dels aliments vegetals o per triturar la carn. I així ens hem convertit en els únics animals als quals els aliments crus no se'ls posen gens bé. Si a un ximpanzé li donem menjar cru, se li posa bé, creix; en canvi, un humà s'aprima, no li agrada.

Una vegada vam haver après a cuinar no va haver-hi manera d'escapar-se'n, perquè ens hi vam adaptar biològicament.

Però com vam arribar fins aquí?

Wrangham creu que el fet d'haver de cuinar els aliments, d'haver d'esperar que es coguin, va provocar un pacte social entre els humans: cadascú menjava el que havia aconseguit durant el dia i havia cuinat després, i no robava menjar al veí. És una dada

Cuinar els aliments abans de menjar-los va ser un gran salt endavant per a la nostra espècie, ens va fer més humans.

extraordinària sobre la naturalesa del menjar i la seva relació amb la societat.

Les persones, malgrat el que se sol creure, no es van tornar sedentàries per viure en societats agrícoles, sinó al revés. Aquest descobriment arqueològic ens remunta a fa uns onze mil cinc-cents anys a l'Orient Pròxim, on es va encetar una nova era per a l'evolució humana. L'univers mental d'una comunitat sedentària és completament diferent del d'una comunitat de caçadors-recol·lectors. En una comunitat sedentària tot l'horitzó de l'experiència humana es modifica: les persones conviuen de manera permanent, aprenen a comerciar per acumular propietats, a esperar perquè el menjar es cogui i poder mantenir més fills. Per entendre's amb els veïns han de desenvolupar la intel·ligència. No hi ha un repte més gran per a un ésser humà que entendre's amb altres éssers humans. En aquest moment de la història si una dona, que era i és, en general, més feble físicament que qualsevol home, portava menjar al campament i el deixava a terra, davant de tothom, ningú no l'hi prenia. Si hagués estat d'un ximpanzé, un lleó, un escurçó o qualsevol altre animal, els grans s'haurien quedat el menjar. Però entre els humans això no passa, i és perquè hem desenvolupat un sistema cultural que diu: «No, aquesta carn li pertany a ella». Però el sistema té un preu, i el preu és que la defensa el seu marit. La defensa perquè el seu marit forma part d'un grup d'homes que tenen un acord entre ells: «No t'alimentaràs a costa de la meva dona i jo no menjaré res que sigui de la teva». Així és com s'alimenten marit i muller.

3) *La parella i la monogàmia*

En analitzar la metamorfosi que vam experimentar fins a esdevenir homes, veiem que hem mantingut moltes coses dels nostres avantpassats, que també observem en la resta de primats actuals, els nostres cosins. Això queda palès en l'ADN: el 99% del nostre és idèntic al dels ximpanzés, per exemple. La nostra conducta també és molt similar: som sociables i territorials, ens barallem per defensar el territori. Per si fos poc, badallem com els simis, tot i que sense una finalitat aparent.

En investigacions recents s'ha descobert un gen del llenguatge, el FOXP2 —necessari per establir els circuits neurals imprescindibles en l'aprenentatge del llenguatge—, que corrobora que la facultat de la parla és innata, com sostenen Noam Chomsky o Steven Pinker. Sense aquest gen, que va anar forjant-se amb el temps, els nens no podrien aprendre a parlar només en tres anys.

El curiós és que el llenguatge és molt important per entendre'ns, però també per confondre els altres. Com que estàvem sumits en tantes baralles, el llenguatge va ser una manera de distingir els forasters dels intrusos. Per això tenim tants idiomes i dialectes, i abans que viatgéssim amb facilitat era possible endevinar a quina distància estava el poble d'on venia un visitant només de sentir-li parlar el seu dialecte.

Però molt abans, en les societats primitives, va tenir lloc un altre canvi radical que, amb la convivència social i el fet de cuinar els aliments, ens va diferenciar dels nostres avantpassats: el vincle de parella entre l'home i la dona. Els ximpanzés tenen una jerarquia bastant diferenciada per a mascles i femelles, i passen la major part del dia separats. S'ajunten per aparellar-se i després la femella té cura dels petits. El mascle no protegeix la seva femella ni la descendència directament, sinó que defensa un territori global que inclou les femelles que hi viuen. No es forgen relacions individuals entre mascles i femelles.

En algun punt de la nostra evolució, aquesta pauta va canviar. Les proves arqueològiques suggereixen que potser va ser fa un milió set-cents mil anys. En l'època de l'*Homo erectus*, la pelvis s'estrenyia i els bebès naixien amb un cervell immadur, al qual li faltava molt per créixer. Les mares van necessitar més ajuda per a la criança i va prendre interès comptar amb la protecció directa d'un únic home. Els mascles es van adonar que era necessari tenir cura de la mare i els fills si volien que els descendents sobrevisquessin, la qual cosa va desembocar en una societat estructurada al voltant de la monogàmia. Així, la vida en parella té una explicació merament evolutiva: els fills necessiten l'atenció de dos perquè un de sol no pot.

4) El poder de la comunicació és genètic

La comunicació és fascinant. En primer lloc van aparèixer els sons, potser alguns de dotats de significat. Després va sorgir la música, més endavant el llenguatge, el discurs i, molt més tard, fa uns tres mil anys, l'escriptura.

S'ha estudiat molt com es comuniquen altres animals, com per exemple els ocells o els ratolins, per obtenir pistes sobre l'evolució del llenguatge. Els treballs amb ximpanzés són molt importants.

Un descobriment recent és que alguns grunyits dels ximpanzés tenen significat. És difícil saber si parlen entre ells, però sí que distingeixen el que els altres ximpanzés diuen, els sorolls que fan. Si un ximpanzé troba un tipus de menjar que li agrada, emet un so per expressar-ho. Un altre ximpanzé reconeix que es tracta del so que significa: «He trobat menjar que m'agrada», i utilitza aquesta informació per buscar aliments per a ell. Potser no és pur llenguatge, però són les bases del llenguatge. Per cert, els ximpanzés s'estimen més el pa que els plàtans. Els ratolins, que també són mamífers i amb els quals compartim un avantpassat comú de fa uns dos-cents milions d'anys, es comuniquen moltíssim entre ells. No els sentim, perquè emeten sons ultrasònics, massa aguts per a la nostra oïda. Les mares i les cries de ratolí, en particular, es comuniquen constantment; si una cria de ratolí cau de la ratera, emet un crit molt distintiu que la mare reconeix.

Com acabo d'explicar, el gen anomenat FOXP2 és crucial per a aquest tipus de comunicació. Si un ratolí neix sense aquest gen, o si aquest gen no produeix la proteïna adequada perquè s'ha destruït experimentalment, no podrà comunicar-se ni cridar l'atenció de la mare. Això és fascinant, perquè altres científics han estudiat el mateix gen en els humans. La gent que neix amb una versió defectuosa del FOXP2 no pot parlar: té dificultats per controlar els moviments de la boca i també per entendre les estructures gramaticals, ja que sembla que afecta les regions cerebrals encarregades del llenguatge. Vet aquí un paral·lelisme realment insospitat que delata més sobre la condició humana que el millor tractat de filosofia!

Un altre aspecte interessant és que ara els científics poden mesurar la força de la selecció natural en la història d'un gen. Resulta que el FOXP2 ha canviat molt en els humans a través de la selecció natural. I aquests canvis han tingut lloc molt recentment en l'evolució humana, en els últims dos-cents mil anys. Pot semblar molt de temps, però el cervell dels nostres avantpassats va evolucionar dels ancestres comuns amb els ximpanzés fa potser sis milions d'anys; de manera que va ser fa dos-cents mil anys quan la nostra espècie va començar a diferenciar-se realment. Per què? És possible que els gens com el FOXP2 exercissin un paper important per a la comunicació bàsica, com la que s'observa en ratolins, i després comencessin a evolucionar amb rapidesa per desenvolupar el llenguatge sofisticat que articula les nostres converses de cada dia.

Quasi tot són hipòtesis, però cada vegada aconseguim obtenir més pistes. El que sí que resulta clar és que, com deia el professor emèrit d'ecologia i biologia evolutiva de la Universitat de Princeton John Tyler Bonner, la diferència entre humans i animals és només una qüestió de grau. Cada vegada trobem més vincles entre la nostra espècie i altres espècies. I també més proves del poder de la selecció natural en la història dels gens. Per exemple, el nostre sentit de l'olfacte: hem perdut alguns dels gens necessaris per a un bon sentit de l'olfacte. Gens que romanen intactes en altres primats i en la meva gossa, que, per sort, conserva un olfacte excel·lent. Tots els seus gens olfactius continuen funcionant com fa milers d'anys.

5) *L'important no és el discurs de la persona que tenim al davant, sinó descobrir el que rumia*

S'aprèn imitant altres persones. De vegades prenem això com una prova que la naturalesa humana no existeix, que no portem res innat dins nostre quan naixem. Que tot procedeix, en definitiva, de la cultura, del que ens ensenyen. Ara bé, per què som tan bons imitant els altres? Qui ens n'ha ensenyat? La resta dels animals no imita tan bé com nosaltres: fins i totes les mones —que, suposadament, són molt bones imitadores— ho fan fatal.

Per poder imitar, fan falta moltes habilitats cognitives que permetin llegir la ment d'altres persones i saber quins són els aspectes del comportament que s'han d'imitar i quins s'han d'ignorar. La capacitat d'imitar demostra que la ment no és una pissarra en blanc sobre la qual n'hi ha prou d'escriure; la imitació és un fenomen molt complicat.

Ho he pensat sempre: un dels grans salts endavant en la història de la humanitat va ser el moment en què una persona va saber intuir el que rumiava un altre. Només llavors va poder ajudar-lo o manipular-lo.

Intuir el que els altres pensaven va ser clau per poder sobreviure; de petit ho ignorava i aquesta ignorància la compartia amb la immensa majoria dels adults.

Una pista útil per a l'harmonia de la convivència consisteix a no compartir aquesta ignorància. Les paraules no són, fonamentalment, un canal per explicitar les conviccions pròpies, sinó el conducte per poder intuir el que l'altre pensa. Quan descobrim això, i només llavors, sorgeix l'oportunitat d'ajudar-lo o influir-lo. La majoria de la gent, per desgràcia, dedica molt més temps a intentar explicar els pensaments propis que a intuir el que pensen els altres.

Fixeu-vos en el comportament habitual dels polítics: «No hem sabut explicar el nostre programa», «La gent no ens ha entès», adueixen com a excusa del seu fracàs. O el que sol dir la comunitat científica: «Utilitzem un lèxic incomprensible», «El nostre vocabulari és massa rigorós», al·leguen com a descàrrec per l'abisme entre ciència i cultura.

Ni els uns ni els altres intenten seriosament saber el que de debò pensa la gent. Els primers ho fan gairebé en secret, per la via d'enquestes i a misses dites. Els segons ho descobreixen a través de les infermeres i llevadores, que estan en contacte directe amb els pacients. Elles havien descobert l'anomenat efecte placebo quan els metges seguien negant-lo. Les infermeres —més acostumades a pensar en el que pensen els altres que a difondre, com els metges, el que es pensen que saben— es van adonar que, en un nombre significatiu de casos, als pacients se'ls podia substituir un calmant com la morfina per un líquid innocu i obtenir-ne efectes idèntics. N'hi havia prou que creguessin que se'ls estava administrant un calmant. Molts científics atribueixen els efectes suposadament positius de l'homeopatia al mateix efecte placebo.

El món podria canviar de nou per millorar si tots els esforços i els diners que es dediquen ara a convèncer els altres de les idees pròpies s'utilitzessin per descobrir quines són les de la gent, com li funciona la ment, què deu estar pensant.

El cansament de la Terra

Es diu que tenim sort perquè vivim en un univers amable, amb unes condicions molt favorables per a la vida. De fet, els científics clàssics creien que érem afortunats perquè habitàvem un planeta la distància del qual respecte al Sol era l'adequada per crear les condicions necessàries per a la vida. Potser va haver-hi un temps —quan va aparèixer la vida a la Terra— que era així. No obstant això, a partir d'aquell moment, el nostre desenvolupament no va seguir les mateixes pautes que als planetes veïns, com Mart o Venus, que es van desertitzar de manera gradual. En el nostre cas, d'alguna manera, la vida mateixa va ser la que es va fer càrrec de tot, la que va controlar la seva pròpia evolució. Aquí, els sistemes inorgànic i viu es van desenvolupar al mateix temps. I gràcies a aquesta sinergia, el planeta ha estat un lloc acollidor per a la vida a mesura que ha anat sorgint.

En el passat, quan el món estava poblat només per bacteris, el gas predominant a l'atmosfera era el metà. Hi havia poc oxigen, i el nostre era un món en el qual no podíem sobreviure. Així va ser durant gairebé mil milions d'anys. Però les coses van canviar, la vida va evolucionar i ens va proporcionar una atmosfera amb oxigen. Això ho sap molt bé Giovanna Tinetti, una jove astrobiòloga de la Universitat de Londres. Tinetti explica que la quantitat d'oxigen que hi ha a l'atmosfera terrestre ha anat evolucionant amb el temps. Al principi, quan es va formar la vida al planeta, no hi havia oxigen, però amb el pas del temps va començar a formar-se i a augmentar per la presència d'uns bacteris capaços de crear matèria a partir de la llum solar i de sals minerals: els cianobacteris. Aquest va ser un gran èxit per a la vida: uns pocs organismes van ser capaços d'utilitzar l'oxigen com un component metabòlic i no considerar-lo un verí. La presència d'oxigen afavoreix el desenvolupament d'organismes lliures molt complexos, com els que tenim avui dia a la Terra. Si mirem l'evolució de la vida al planeta, veurem que es va produir un augment d'oxigen a l'atmosfera terrestre, i que en algun moment es va estabilitzar en el 21%, que és el nivell actual.

En aquest sentit, James Lovelock, el pare de la teoria de Gaia, es va adonar que la vida recrea les condicions necessàries per a la seva subsistència en observar aquesta capa molt prima, anomenada atmosfera, tan característica del nostre planeta. Està formada per gasos combustibles, com el metà, que es combinen amb l'oxigen. És una barreja gairebé inflamable i, si la composició fos diferent, explotaria. És molt fràgil i, amb tot, perdura des de fa milers de milions d'anys. Com pot ser? Exigeix que hi hagi alguna cosa a la Terra que reguli l'atmosfera i la mantingui constant. I això és la vida que batega amb el planeta, com si fos un organisme, el que Lovelock ha anomenat Gaia.

Gaia existeix des de fa potser tres mil o quatre mil milions d'anys, però es calcula que no li queden més de mil milions d'anys abans de morir. En l'escala geològica, Gaia és una senyora gran. Amb tot, abans que arribi el moment de la mort, hi ha unes quantes amenaces per a Gaia que provenen de nosaltres mateixos.

Itinerari 2

El llarg camí de l'aprenentatge humà

Els secrets de l'aprenentatge

Ja sabíem que l'ànima es troba al cervell, però ara podem contemplar tot el procés molecular mitjançant el qual el passat i el futur convergeixen; de quina manera l'ànima germinal arrelada en la matèria cerebral i la memòria fabriquen noves percepcions que modelen el futur. És senzill i alhora aterridor.

Cada vegada que un estímul exterior desafia la ment, es dispara un procés instantani i desenfrenat de recerca als arxius de la memòria; es tracta de situar-lo en el context adequat i esbrinar-ne el sentit veritable. La resposta no es fa esperar i només hi ha dues opcions: l'estímul arribat de l'univers exterior deixa la ment indiferent o, al contrari, desencadena una emoció impregnada d'amor i curiositat. Són els dos components bàsics de la creativitat, de la capacitat dels humans per fer coses noves partint del seu entramat biològic.

La ciència posa de manifest que, almenys al començament de qualsevol procés mental, només compta el passat, fins i tot quan es comença a perfilar el futur. A partir d'aquest moment s'engega un procés, aparentment més afí a l'alquímia que a la ciència, gràcies a l'esclat de la intel·ligència social. La capacitat d'imitació instrumentada per les anomenades neurones mirall interactua amb el coneixement acumulat de l'espècie —potser també d'altres— i, en tots els casos, d'un arxiu ben proveït de records i empremtes d'emocions pròpies. Es tracta de l'explosió sobtada del pensament nou. Del que distingeix una espècie creativa d'altres que no ho són tant.

A més, fins fa molt poc temps desconeixíem un mecanisme fonamental d'aquest procés del coneixement nou: no hi havia indicis que poguessin suggerir com una part de la memòria a curt termini podia transformar-se en memòria a llarg termini. Quins eren els components concrets i els mecanismes exactes gràcies als quals es podia imprimir durabilitat a determinats records? Ara sabem que aquesta capacitat per aprendre, per arxivar en la memòria a llarg termini, està vinculada al funcionament de determinades proteïnes cerebrals activades per pràctiques d'aprenentatge. Són els components exactes d'aquests mecanismes de durabilitat del record els que es troben a la base de l'aprenentatge en l'etapa maternal primer, en la fase escolar després i en la vida de l'adult, finalment. És veritat, les arrels es troben en el passat, però el passat cal fustigar-lo des de l'exterior per transformar-lo en futur, i d'aquí ha sorgit el segon gran descobriment del procés molecular, seguit per la creativitat i la innovació. Fins fa molt poc temps només teníem la intuïció expressada per alguns grans científics que, per posar fi als prejudicis que impedien els avenços del coneixement, era indispensable que desapareguessin, que s'extingissin les vides dels portadors d'aquells prejudicis i coneixements. Ara sabem per què. La transferència del coneixement nou requereix matèria cerebral, activitat mental, ànima, passat, memòria, però, sobretot, noves maneres de mirar les coses i els temes antics. Quan les noves generacions fallen en aquesta missió, resulta estèril la desaparició de les generacions que les han precedit.

L'autoestima i la curiositat dels bebès

Fins ara no sabíem res del que els passava als bebès per dins. Resulta que una de les primeres coses que hem descobert en la irrupció de la ciència en els processos emocionals és que gairebé tot es decideix des que el bebè és al ventre de la mare i fins que té quatre o cinc anys. Quan dic gairebé tot vull dir que es decideixen dues coses que hem après a identificar i que són fonamentals en la vida de qualsevol persona. Una és un cert sentiment de seguretat en un mateix, que permet heure-se-les amb l'enemic més atroç que tenim els homínids: el veí, l'altre homínid. No hi ha cap repte més important en la vida. Els grans neuròlegs especialistes en intel·ligència expliquen clarament que la intel·ligència és un subproducte de la relació social. El que ens fa intel·ligents és el contacte amb els altres. Necessitem una certa autoestima per poder intervenir, al seu dia, en la resta del món, el dels grans.

La segona cosa importantíssima que hem descobert en els bebès és la curiositat, que no s'ha de perdre mai. La curiositat per lluitar adequadament per allò que és prioritari per a tothom, encara que no ho vulguem admetre, que és aconseguir l'amor de la resta del món. Quan ets petit, la tia, l'àvia, el pare, la mare, fins i tot la veïna, tots diuen que ets fantàstic, que amb aquests ullassos se't menjarien, que ets el més alt, el més intel·ligent... Però quan surts de casa, ho has de demostrar. La gent no ho dóna per fet, ni de bon tros. I és aquesta negociació maternal, aquest afecte primari que es desenvolupa fins als cinc anys, el que et pot donar prou curiositat per continuar aprofundint en el coneixement de les coses i de les persones quan entres en el món dels adults. Perquè pot passar, i passa cada dia, que arribis a aquest món amb una certa indiferència. Pot ser que, lluny de ser-te indiferent, el món et creï un cert rebuig, que no vulguis saber res del que t'envolta. O pot passar, com passa una vegada de cada mil, el que els ocorre als psicòpates, que arribis al món dels grans amb ànim de destruir-lo en comptes d'acariciar-lo.

O sigui que un dels descobriments essencials en aquesta reflexió és la importància de l'entorn afectiu que perdura des de la concepció fins pels volts dels cinc anys.

La psicoterapeuta Sue Gerhardt sap molt bé que, perquè un ésser humà sigui independent, ha d'haver estat primer un bebè dependent. Gerhardt reconeix que la de tenir cura dels nens no és una ciència exacta, que el que cal fer depèn de cada nen. «El que és important és que el bebè no s'estressi gaire. Si no ho fa, sigui quina sigui la manera com se n'ocupin els pares, li anirà bé. Un punt que em penso que he d'explicar és que els bebès no poden gestionar un estrès excessiu. No poden desfer-se del seu propi cortisol. Com a adults, nosaltres sí que podem, hem descobert maneres de gestionar l'estrès. Truquem a un amic, o ens en anem a prendre una copa... però els bebès, no. I a ells els resulten estressants coses relativament petites com, per exemple, estar lluny del seu curador durant massa temps, perquè en això s'hi juga la supervivència! Un bebè no sap si sobreviurà o no: necessita algú que se'n faci càrrec. Però el problema és que si aquest procés persisteix durant massa temps, o es cronifica durant setmanes o mesos, pot tenir efectes molt perjudicials».

Gerhardt creu que és fonamental mantenir contacte amb els bebès. Assegura que «el tacte resulta molt important per al desenvolupament. De manera que s'ha de portar el bebè en braços, portar-lo als llocs, tocar-lo... tot el que generi plaer, de fet; perquè les proves semblen demostrar que les substàncies bioquímiques relacionades amb el plaer i amb tot el que genera plaer realment ajuden a fer que es desenvolupin les funcions superiors del cervell. Per tant, mantenir el contacte visual, somriure, jugar i divertir-se amb el bebè... Tenir-lo a coll, tocar-lo, fer-li massatges... totes aquestes coses ajuden molt, no només perquè potser formaran part de la gestió de l'estrès, sinó també perquè

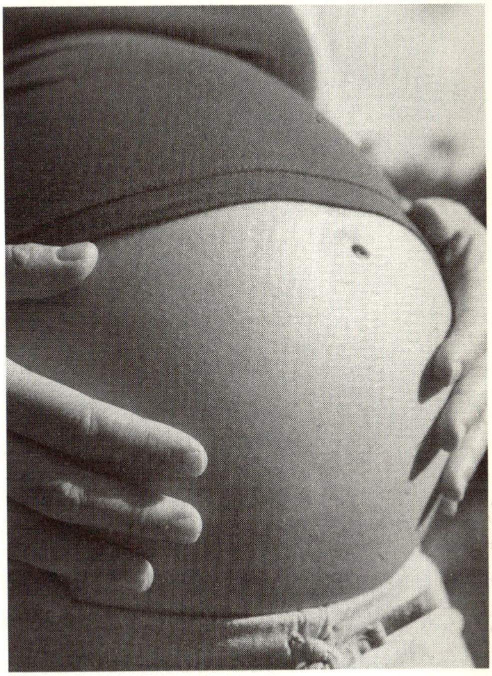

ajuden a la regió orbitària frontal del cervell».

Cada vegada hi ha més investigacions que apunten als primers anys de vida com els més fonamentals. Gerhardt explica que «en començar a investigar el cervell, s'ha descobert que les parts cerebrals que es desenvolupen en la primera infància són molt importants; en aquest període es determina la resposta a l'estrès, els nivells de cortisol, i hi ha una gran hiperactivitat a l'amígdala, que és el sistema de detecció d'amenaces. I el mateix passa amb altres parts prefrontals del cervell que participen en la gestió de les emocions». Així, aquesta investigadora suggereix que «si volem protegir la societat de les conseqüències d'aquesta mena de conductes [les antisocials], cal prestar més atenció a la primera infància».

Gairebé tot es decideix des que el bebè és al ventre de la mare i fins que té quatre o cinc anys.

La importància dels ensenyaments emocionals

Molts lectors m'han demanat que desveli una parcel·la importantíssima del que ocorre amb l'educació de la infància. L'experimentació científica ha posat de manifest que «al llarg de la vida resulten essencials una bona autoestima, una millor capacitat per gestionar les emocions pertorbadores, una més gran sensibilitat enfront de les emocions dels altres i una habilitat interpersonal més bona; però els fonaments de totes aquestes aptituds es construeixen en la infància». Són paraules de Daniel Goleman i Linda

Lantieri, experts en el que ara denominem educació social i emocional. Una altra manera de dir el mateix és l'alerta que llancen alguns organismes internacionals perquè s'inverteixin recursos i esforços en les tècniques de l'aprenentatge social i emocional: «És la millor drecera perquè disminueixi la violència en les societats modernes».

En l'actualitat, s'observa una absència esgarrifosa de llibres o assignatures científiques dedicats a l'aprenentatge social i emocional, i per això Lantieri, que treballa en aquest camp des de fa temps, suggereix uns exercicis pràctics que ajuden a desenvolupar la capacitat d'atenció i de concentració de nens i adolescents. Aquesta professora apunta que per desenvolupar la intel·ligència emocional s'ha de prendre consciència d'un mateix, aprendre a controlar les emocions, la relació amb els altres i fomentar la capacitat de prendre bones decisions. Lantieri treballa per ajudar els nens a entrenar la ment voluntàriament, sigui mitjançant eines com la meditació, o bé mitjançant el que denominem «el racó de la pau» a les aules, un lloc on els nens van per estar tranquils, calmar la ment i començar a centrar l'atenció. Lantieri sap que el cervell té molta plasticitat i que les experiències el van modelant; per això és tan important l'aprenentatge emocional.

Més investigacions sobre intel·ligència emocional

El psicòleg Mark Greenberg també dedica les seves investigacions a comprovar l'efectivitat de les activitats escolars per millorar les habilitats socials, emocionals i cognitives dels estudiants de primària i secundària. Ha demostrat, mitjançant estudis realitzats durant trenta anys als Estats Units, Suïssa, els Països Baixos i altres llocs, que, quan als nens se'ls ensenyen habilitats per calmar-se, se'ls explica com identificar els seus sentiments i com parlar-ne adequadament, milloren d'una manera natural les habilitats per relacionar-se amb els altres i també milloren en el rendiment acadèmic.

Greenberg diu que «el cervell és un de sol, no hi ha un cervell emocional i un cervell cognitiu, i quan la capacitat de prestar atenció, calmar-se i parlar eficientment dels sentiments es combina en el desenvolupament d'un nen, tot funciona millor». Aquest psicòleg no oblida que una part fonamental de l'educació és a càrrec dels mestres, i es queixa que fins fa molt poc el que fèiem amb els professors era pressionar-los, moltes vegades, perquè se centressin únicament en el camp acadèmic, només en la lectura, les matemàtiques i les ciències. I s'havien convertit en això: en professors de lectura, de matemàtiques i de ciències. Però convé no oblidar que la majoria de les persones que han triat la professió de mestres és perquè volien entendre's amb els nens. Els agraden els nens i volen passar temps amb ells, educar-los, preparar-los per a la vida. I, a mesura que els ho anem permetent i els brindem més habilitats per fer-ho, descobreixen que gaudeixen molt més ensenyant.

I és que tot el que aprenem durant els primers anys de vida és fonamental. Com ens recorda el neurocientífic Takao Hensch, hi ha molts països asiàtics on tenen un proverbi molt savi: «L'esperit de quan tenim tres anys viu amb nosaltres fins que complim els cent».

Richard Davidson, neuropsicòleg de la Universitat de Wisconsin-Madison, ha treballat durant molts anys analitzant tipus d'intervencions que es poden dissenyar, per exemple, per augmentar la cooperació, la compassió i l'altruisme en els nens. En una entrevista del 2009 em va explicar que, basant-se en el que sabem sobre el cervell, aquestes intervencions tenen un impacte molt més durador si tenen lloc abans de l'adolescència. «Sabem, per exemple, que una de les parts més crítiques del cervell a l'hora de controlar les emocions és l'escorça prefrontal, una regió situada a la part del davant del cervell. I que no deixa de desenvolupar-se fins una mica després de l'adolescència, fins pels volts dels vint anys. De manera que les intervencions que tenen lloc abans seran més útils. A més a més, és molt probable que hi hagi una gran transició entre els cinc i els set anys d'edat en els humans. Hi ha molts motius per creure, també, que les intervencions que es facin abans d'aquesta transició seran especialment eficaces a l'hora d'establir les bases per tenir habilitats que, si persisteixen, permetran desenvolupar altres habilitats a partir de les primeres. És com una mena de bastida». Davidson ha descobert que només amb dues setmanes d'entrenament del cervell durant l'adolescència, practicant trenta minuts al dia, es poden detectar canvis en l'actitud altruista o la compassió.

No tots els nens són iguals

Curtis W. Johnson, president de Citistates Group i soci director d'Education Evolving, és un altre gran expert en educació, que destaca la necessitat de canviar el model educatiu dominant en la majoria dels països. Johnson em va explicar que un dels grans errors d'aquest sistema educatiu imperant és que «tractem els nens com si fossin iguals». «Els eduquem igual a tots, els presentem el material de la mateixa manera, i esperem que tots aprenguin les mateixes coses de la mateixa manera, durant el mateix dia i alhora. Aquesta postura no és realista, ja que no preveu fins a quin punt els nens són diferents en moltíssimes coses, per exemple en l'estil d'aprenentatge, però també en el ritme d'adquisició dels coneixements». Johnson reivindica, a més, la necessitat d'ensenyar noves competències i habilitats perquè els nens i nenes d'avui dia dominin aquestes tècniques per trobar feina en el món actual. «La majoria dels nens, igual que la majoria dels joves, hauran d'adquirir destreses que les generacions anteriors no tenien. Vull dir que no sols hauran d'aprendre assignatures bàsiques, sinó que hauran de saber com trobar les coses que necessiten saber, i després hauran d'aprendre a treballar tal com es treballa al món d'avui, que és principalment en equip..., hauran de practicar l'art de la col·laboració, que em sembla que és el repte de col·laborar amb desconeguts. A tots ens encanta la idea de col·laborar amb els nostres amics, i ho fem de moltes maneres tota l'estona, però el món laboral ens força a mantenir bones relacions dirigides a la productivitat i a crear alguna cosa de valor amb gent que potser ni tan sols ens agrada, cosa que requereix una mena d'educació del tot diferent».

Suggeriments per a les escoles

Amb tot, en el camp de l'educació, les coses encara no són ideals, de manera que analitzem què és el que trobem a faltar o el que troben a faltar els nens quan van a escola.

El primer punt és que hem de saber el que els passa per dins, comprendre com la inseguretat i la por influeixen en el seu comportament, i desenvolupar un vocabulari emocional sòlid amb el qual puguin comunicar-se amb els altres.

En segon lloc, cal identificar els sentiments dels altres per aprendre a posar-se al seu lloc, ja que el desenvolupament de l'empatia permet construir una societat cohesionada.

En tercer lloc, els nens troben a faltar eines per aprendre a gestionar les emocions bàsiques i universals. Són intangibles, però són l'únic actiu amb què venim al món.

En quart lloc, fa falta dissenyar, executar i avaluar solucions responsables als problemes, i no adoptar posicionaments dogmàtics, que no s'han pogut o volgut comprovar.

Finalment, i per acabar, han d'ensenyar-los a resoldre conflictes i a mantenir relacions serenes amb els altres. I a rebutjar les decisions que impliquin violència o agressió.

Hi ha diverses proves científiques que demostren que els nens educats amb pràctiques afins a aquests criteris són més feliços, confien més en si mateixos i són més competents socialment i emocionalment. A més, resulta que una bona educació social i emocional també milloraria els nostres deplorables resultats acadèmics.

Què esperem, doncs, per impartir els rudiments científics que il·lustrin sobre la naturalesa i la gestió de les emocions bàsiques i universals, en comptes dels valors, siguin de dretes o d'esquerres? Abans d'albirar la vida eterna a classes de religió o els valors de la democràcia —tot arribarà—, els infants necessiten calibrar l'impacte insospitat del menyspreu, controlar la ira o comprendre els mecanismes per posar-se al lloc de l'altre.

La crisi educativa

Sens dubte, el millor exercici per aprofundir en la reflexió sobre la crisi educativa consisteix a eliminar, primer, les suposades causes de la crisi a què s'ha referit tothom sense raó. En segon lloc, consisteix a situar el paradigma acceptat de la modernitat educativa —senzillament, es tracta d'un sistema innovador? o és, al contrari, un esquema resultant dels vicis i la violència del passat?—. Després caldrà detallar els continguts del model de reforma elegit i les consegüents noves aptituds o aprenentatges suggerits.

Sobre les causes que no són reals de la crisi educativa s'ha esmentat sovint l'actitud desconsiderada o indiferent dels pares, la versatilitat i violència dels alumnes, la indiferència dels mestres quan se'ls insisteix en la necessària personalització de l'educació i l'actitud dels sindicats, més orientada a aconseguir horaris ancorats en el passat i millores salarials que a incrementar l'impacte positiu dels canvis educatius. Per acabar, i sense ànim d'invalidar les crítiques encertades als sistemes d'avaluació a les escoles —que han deixat de reflectir el que realment passa—, tampoc no és veritat que aquest sistema d'avaluació sigui el responsable del gros o de bona part de la crisi que afecta el sistema educatiu.

Per descomptat, les raons esmentades no són les causants reals de la crisi. Afortunadament, hi ha un consens universal sobre la naturalesa de les dues causes principals d'aquesta hecatombe, així com sobre la reflexió indiscutible que ha de precedir tota reforma de qualsevol sistema. Quines en són les dues causes consensuades universalment?

La societat encara no s'ha proposat, a escala familiar, educativa i molt menys institucional, aprendre a gestionar la diversitat característica del món globalitzat. És menys urgent inculcar continguts acadèmics en la població que preparar bons ciutadans. Per fer-ho, és necessari admetre que les causes reals de la crisi no són les que es creuen: el comportament dels pares, els alumnes, els sindicats o els sistemes d'avaluació dels processos desenvolupats.

El segon consens a escala universal, no menys decisiu que l'anterior, consisteix a aconseguir que, en l'ànim dels individus d'aquest món dispar i culturalment descentrat, es pugui gestionar el que tots ells tenen en comú: les emocions bàsiques i universals, unes de negatives, com l'enveja, el rancor, el menyspreu o la por, i altres de positives, com ara la felicitat, la sorpresa o l'alegria.

Una vegada assimilats els dos consensos que haurien de presidir qualsevol reforma del sistema educatiu, queda per fer el diagnòstic del que es pretén reformar plantejant la pregunta següent: el sistema educatiu, el tipus de govern, el mecanisme d'ajudes socials és o no és innovador? O és que, lluny de ser-ho, està ancorat en el passat obtús i violent? Aquesta és la verdadera pregunta, que té, per descomptat, una resposta en vista dels dos consensos esmentats.

El primer objectiu de l'educació

Quan feia classes, cada vegada que tancava la porta de l'aula en acabar la lliçó, em demanava si acabava d'explicar el que jo sabia, o el que de debò interessava als alumnes per desenvolupar les seves qualitats innates i els continguts necessaris perquè un dia poguessin aplicar-los al seu lloc de treball. En general: estem segurs que prevalen els interessos de la persona que s'educa, per sobre dels interessos del mestre o del sistema educatiu?

Una cosa és ensenyar la gent a gestionar la informació, i una altra de ben diferent, instaurar els puntals fonamentals, a escala emocional, que els permetin aprofitar-la positivament. El neurocientífic Antonio Damasio, professor a la University of Southern California, premi Príncep d'Astúries i autor, entre altres, del llibre *I el cervell va crear l'home* (Edicions Destino, 2010), ha resumit millor que ningú aquest dilema: «L'objectiu d'una bona educació és organitzar les nostres emocions de tal manera que puguem conrear les millors i eliminar les pitjors; perquè com a éssers humans en tenim de totes dues menes. Moltes de les reaccions que considerem patològiques en la nostra societat tenen a veure amb les emocions, principalment amb les emocions socials». És una citació extreta d'una conferència que fa uns anys va pronunciar a Madrid.

Tots dos vam constatar que ara ens movem per un terreny una mica menys desèrtic que fa deu anys: «El problema amb què ens enfrontem ara, Eduard», em repetia Antonio Damasio, «és traslladar el nostre coneixement científic al públic en general i també a la formulació de polítiques. És imprescindible que els líders polítics i educatius arribin a entendre com en són d'importants els coneixements sobre les emocions i el sentiment».

En contra del que creu la majoria de la gent, la millor manera de contrarestar una emoció negativa en concret no és un predicament lògic i raonable, sinó una altra emoció molt forta, però de caràcter positiu. Les emocions són al començament i al final de tots els projectes, i de tots els mecanismes de decisió. Hem ignorat aquesta veritat durant milers d'anys, fins que la neurociència l'ha demostrat.

Per si no fos prou, ara també hem descobert que el paper de les emocions no és fonamental només per als grans col·lectius, sinó també per a grups menys grans i fins i tot per a associacions minoritàries.

Quan s'alteren els sistemes d'incentius relatius a grups molt petits, fins i tot minúsculs, basats en alguna característica marcadament trivial —com ara portar una samarreta vermella o no—, sorgeixen sentiments poderosos de cohesió i xenofòbia. És el que passa, sorprenentment, quan els grups es defineixen per una cosa tan irrellevant com la roba que duen.

És veritat que fa deu anys no se sabia gairebé res de les emocions ni de la seva gestió. Això explica els errors monumentals que es van cometre en el passat en les polítiques del comportament individual i col·lectiu. Els primers científics que van començar a alertar sobre aquests dèficits no podien mesurar ni demostrar el que postulaven. Seria imperdonable que avui, podent fer-ho, no s'actués de manera diferent, sobretot en el camp educatiu. Algú creu, de debò, que els nens sabran conviure de grans sense que ningú els hagi explicat mai en què consisteix saber posar-se al lloc de l'altre, o els hagi advertit que la seva salut es degradarà arran de situacions repetides d'estrès generat per pors imaginàries?

Premiar és millor que castigar?

Quan un bebè, un nen o un adolescent fa una barrabassada, es plantegen diversos problemes: primer, contenir l'enuig que produeix —o hauria de produir— un ésser malcriat en els altres. Vull dir els crits o haver vessat les farinetes sobre la faldilla de la veïna, o haver estirat les estovalles de la taula, amb els efectes nefastos que poden imaginar-se. Contenir-se no és el punt més transcendental, però és el primer que cal si es vol fer el pas següent: ignorar la mala conducta del bebè, del nen o del jove o, al contrari, castigar-la.

En diversos experiments efectuats hem descobert que la solució és diferent en el cas dels nens que en el dels joves o adolescents. Encara que costi de creure, resulta que els primers reaccionen millor davant les recompenses que davant les mesures disciplinàries. Atenció, mares i pares i, sobretot, avis! És millor ignorar les maldats dels nens i els bebès i centrar-se a recompensar-los quan es porten bé.

La situació és del tot diferent quan es tracta d'adolescents. Tant davant les seves canallades com davant les faltes lleus, és més efectiu aplicar una mesura disciplinària quan s'equivoquen. Com és possible aquesta diferència en els mecanismes cerebrals marcada, simplement, per l'edat? La veritat és que encara no ho sabem. No coneixem en detall els canvis que s'han produït en els circuits cerebrals del nen que arriba a la pubertat. Però tenim una altra classe d'explicació que pot deixar-nos menys desconcertats. No fa gaire temps que hem descobert que subministrar disciplina suposa una certa dosi d'intel·ligència. Reaccionar de manera irascible sense cap altre propòsit que desfogar-se per l'enrabiada no exigeix un gran esforç. Prendre nota, en canvi, de l'agressió i maquinar una resposta posterior que suposi una lliçó perquè el delinqüent expiï el seu pecat o millori de comportament és tota una altra cosa, que exigeix grans dosis d'intel·ligència.

Estem parlant de nivells d'intel·ligència que potser es donen únicament en els adolescents i encara no en els nens. Semblaria lògic que, si ens endinsem en els dominis de la intel·ligència cognitiva, els més grans fossin una mica més sofisticats que els adolescents i aquests, més que els nens.

Hi ha altres maneres més simples d'explicar les diferències en l'eficàcia de la recompensa i el càstig segons l'edat. És molt més complicat canviar de procediment després d'haver-se equivocat que repetir, simplement, les decisions encertades quan et diuen que ho has fet molt bé i a sobre et donen un premi. Aprendre dels errors propis és molt més molest i difícil que repetir una decisió per la qual et recompensen. Sempre estem disposats a admetre que hauríem d'aprendre dels errors propis, però difícilment estem disposats a admetre que ens hem equivocat.

Alguns errors molt freqüents

El psicòleg Jay Belsky, de la Universitat de Londres, també ens dóna altres claus sobre alguns aspectes importants de l'educació. Belsky diu que, a l'època en què vivim, en la qual sembla que molts pares estan ocupats treballant, sovint quan tornen a casa tenen un sentiment de culpa per no haver estat amb els fills. Sigui fonamentada o no aquesta culpa, la manera de posar-hi fi és intentar ser amics dels fills. El problema és que aquesta tendència pot acabar anul·lant el pare responsable, el que ha de dir que no, el que ha de negar privilegis, el que ha de castigar, el que ha de posar normes, el que ha de fer que el nen se senti responsable dels seus actes.

D'una banda, aquests pares intenten ser l'adult responsable però, de l'altra, pretenen ser l'amic, el company del fill. Són dues postures difícils de conciliar i al nen li pot resultar difícil de portar. Belsky creu que no hem de voler ser amics dels nostres fills perquè, en realitat, tenim tota la vida per fer-ho i ser-ho, quan siguin joves adults i més tard.

El que sembla clar, més enllà de càstigs i atencions, és que quan els nens han experimentat una paternitat sensible, càlida, cognitiva, estimulant i no fiscalitzadora, mostren un funcionament cognitiu, uns resultats acadèmics i una adaptació social millors.

Un altre aspecte important en l'educació dels més petits, segons Belsky, és el temps que passen a les mans de cuidadors o guarderies. Segons les investigacions que ha realitzat aquest psicòleg, quan un nen comença a passar moltes hores en aquesta mena d'ambient, sobretot quan es tracta de guarderies i especialment els primers anys de vida, es torna més agressiu i desobedient quan es fa gran. Però Belsky no pretén demonitzar les guarderies, ni de bon tros; de fet, les seves investigacions també en demostren aspectes positius, com que una atenció de qualitat en la infància fomenta el desenvolupament cognitiu i lingüístic del nen si és dispensada per un personal sensible i atent que aconsegueixi conèixer molt bé els nostres fills i que hi desenvolupi una relació. Segons la seva opinió, el millor és utilitzar aquests serveis després dels primers quatre o cinc anys de vida.

A mi el que em continua meravellant de tot això és que fins fa molt poc no sabíem res del que ens passava a nosaltres per dins, i molt menys als nostres fills i néts. Ja era hora que les dones i els homes del carrer rebessin pautes sobre temes que per a ells i per a la societat són transcendentals. L'única excusa que tenien els que havien d'haver-nos donat aquestes pautes és que ells tampoc no en sabien, encara que s'ho pensessin.

Per què no admetem els errors

Bona part de les decisions que prenem cada dia són el resultat d'haver volgut justificar-nos a nosaltres mateixos com sigui; cosa que no vol dir que mentim o que tractem d'excusar-nos. Se'ns repeteix des de petits que hauríem d'aprendre dels errors, però com volen que aprenguem de les equivocacions si no admetem mai, o no gaire sovint, que ens hem equivocat?

Les víctimes del trist accident del vol JK 5022 que es va estavellar a Barajas el 20 d'agost de 2008 i que va commocionar el país com pocs ho havien fet abans (els polítics no haurien d'oblidar-ho) ens agrairien que aprofitéssim els errors comesos en aquest cas, si n'hi va haver, per aprendre'n de cara al futur i disminuir així les probabilitats d'altres accidents i el dolor que comporten.

Entre les mentides conscients per enganyar els altres i els intents inconscients de justificar-se a si mateix davant dels altres, hi ha un terreny movedís en què es fabrica la nostra pròpia memòria, en la qual no es pot confiar cegament. Els psicòlegs Carol Tavris i Elliott Aronson s'han endinsat millor que ningú en aquest mar de dubtes i vaivens amb la seva idea de les dissonàncies, que defineix tot allò que no coincideix exactament amb la idea que tenim de les coses en funció, és clar, dels nostres propis interessos.

Experts i equivocacions

En un experiment famós realitzat fa anys, es va demostrar que gent normal, gens extraordinària, podia acabar cometent crims abjectes, mitjançant una cadena de conductes basades en la justificació dels seus propis actes, els dubtes i el temor a represàlies físiques o morals dels caps o de l'opinió pública. En realitat, de l'experiment es deduïa que fins al 60% de les persones posades a prova acabaven cometent delictes inconfessables, com torturar una víctima o fins i tot assassinar-la.

Quan va passar el terrible accident de Barajas, als que coneixíem aquests i altres experiments se'ns va reflectir al rostre no sols l'empremta del dolor dels familiars de les víctimes, com a la resta dels espanyols, sinó també l'expressió de sorpresa afegida davant la prepotència de les afirmacions dels uns i els altres. En cap de les declaracions dels suposadament implicats, indirectament o directament, en l'accident, no es va tenir en compte el resultat dels experiments de Carol Tavris i Elliott Aronson.

Quan els presumptes experts s'equivoquen —que també pot passar en estaments molt professionalitzats—, se senten amenaçats en la seva pròpia identitat i en el reconeixement per part dels altres de la vàlua d'aquesta identitat.

El psicòleg social Leon Festinger va explicar, fa més de cinquanta anys, que la dissonància és el que sentim quan dues actituds, o una creença i una conducta, entren en conflicte. Per exemple, quan un fuma encara que sap que pot matar-lo; o quan un fa una predicció fatalista i després s'adona que no ha passat res.

Aquesta teoria de la dissonància cognitiva anticipa molt bé que, com més confiats i famosos són els experts —en el cas de l'accident de Barajas n'hi havia que pertanyien a empreses molt conegudes i al mateix Estat—, menys probabilitats hi ha que admetin errors en la seva conducta. Festinger va fer una investigació sobre aquest punt que el va portar a infiltrar-se en un petit grup de creients, just el dia que segons ells havia d'arribar el Judici Final, per intentar descobrir què feien quan s'adonaven que les fatalistes prediccions eren equivocades. Doncs va descobrir que els que estaven més convençuts de l'arribada del Judici Final, els que s'havien venut la casa i havien fet una declaració pública afirmant que el final era a prop, no van perdre la fe en Déu quan van veure que no passava res, sinó més aviat al contrari: la seva fe en va sortir reforçada. Resulta que van dir: «Gràcies a la nostra devoció i a la nostra fe en Déu, Déu ha perdonat el planeta!».

Des de la teoria de Festinger, més de tres mil experiments de psicologia cognitiva i social han confirmat el mecanisme de dissonància cognitiva i fins i tot l'han localitzat al cervell. Els éssers humans estan predisposats a prestar atenció a la informació que confirma les seves creences i a ignorar o minimitzar la informació que refuta el que creuen: la nostra ment està dissenyada per a la consonància.

Com els meus lectors saben, he reflexionat durant molts anys sobre la gestió d'emocions com ara la felicitat o l'amor. Aquí sol passar el mateix. Les parelles al llindar de la ruptura, en comptes d'intentar solucionar els problemes, prefereixen insultar-se i inventar greuges en el complicat procés de reconstruir la memòria per justificar el desamor que senten.

De tot plegat es pot deduir un suggeriment modest, però molt sentit, als responsables objectius i implicats personalment en les operacions que van conduir a la tragèdia de Barajas. Acceptin —sisplau— el resultat del que la ciència revela en aquest camp: com més famosos i confiats són els experts a títol personal o institucional, menys possibilitats hi ha que admetin errors en la seva conducta. Els poden escoltar!, però recorrin a instàncies independents a l'hora de prendre decisions.

La saviesa mil·lenària de les tribus

A la ciutat d'Albany, la capital de l'Estat de Nova York, als Estats Units, vaig tenir l'oportunitat de conversar amb representants de les tribus índies que els espanyols van anomenar navajo i lakota.

Les intervencions d'aquests últims van ser les que em van interessar més. Em vaig quedar fascinat en descobrir, gràcies a Àguila Brava —Wanbli Oitika, es diu en la seva llengua— i a l'elegant Gall de la Praderia —Cio, per als membres de la tribu—, que les seves tradicions mil·lenàries havien anticipat alguns dels descobriments científics més recents. En la tradició de la tribu d'Àguila Brava —marcada per la gestió matriarcal— s'evitava tot conflicte en el si de la parella amb la mare política de l'home gràcies al fet de considerar, simplement, que l'home de la casa no superava mai els dotze anys d'edat. D'aquesta manera, la ignorància i el menyspreu del gendre per part de la sogra —que no acceptava mai que el marit de la seva filla superés aquesta en virtuts— quedaven plenament justificats.

Ara bé, el que resulta sorprenent és haver comprovat fa molt poc temps que l'espècie humana és l'única coneguda en la qual el mascle conserva al llarg de tota la vida un nivell d'infantilisme molt més gran que el de la femella. Els mascles mai no deixen del tot la infància, com mostren el seu comportament, els seus jocs i els seus passatemps, mentre que les femelles s'obliden fàcilment de la infància.

Com és possible que la cultura heretada dels navajo i els lakota hagi assimilat en les conductes familiars el que la ciència acaba de comprovar ara? És a dir, que els homes es comporten com si tinguessin dotze anys tota la vida? Com van saber fonamentar segles enrere el dret matrimonial sobre un fet que la ciència acaba de perfilar gràcies al treball de científics com Desmond Morris?

I hi ha més, hi ha molt més. No em podia creure el que sentia quan Àguila Brava ens explicava al grup de curiosos que xerràvem amb ell la importància que els seus avantpassats concedien als nens nouvinguts al món: «Tant és així», va prosseguir Wanbli Oitika, «que els costums indis dissuadien enèrgicament els membres de la tribu que el bebè tingués un altre germanet abans de transcorreguts sis anys». El que es volia evitar és que el primer veiés limitat l'accés als escassos recursos disponibles per l'arribada massa precipitada d'un segon germà. Als indis navajo ni tan sols els passava pel cap el suat argument que tothom necessita un germanet per socialitzar-se, i al més aviat possible.

El que fascina d'aquesta tradició antiquíssima és que una minuciosa i llarga investigació efectuada per científics britànics ha comprovat que, en efecte, quan els pares «premien» el primer fill amb un germà abans que hagi transcorregut un temps raonable des del seu naixement, es comporta pitjor que la mitjana quan ar-

Els navajo i els lakota creuen que els homes —al contrari que les dones— es comporten com si tinguessin dotze anys tota la vida.

riba a la pubertat. Els recursos són limitats i l'accés d'algú més a l'afecte i al consum pot ser considerat una competència deslleial o injustificada.

El nouvingut qüestiona la supervivència del que ja hi era, en comptes de contribuir perquè se socialitzi. Els indis de les tribus navajo i lakota ho sabien abans que els científics els ho demostressin.

El poder de les imatges

Hi ha molt poques probabilitats que algú a qui se li demanen cent euros per combatre la fam i la malaltia a Ghana accedeixi a desprendre's dels seus diners. Però si circula amb cotxe per una autopista i veu a la cuneta un cos ple de sang, li semblarà normal parar, transportar el ferit a un hospital i pagar els cent euros que li costarà, com a mínim, la neteja del cotxe.

Posar imatges a un concepte abstracte al cervell causa un efecte immediat. No visualitzem fàcilment la fam en abstracte a Ghana, però, en canvi, la imatge d'algú ferit a la carretera activa reaccions de solidaritat immediates.

Als laboratoris estem comprovant l'impacte, fins ara desconegut, de les imatges en els processos cognitius. Les últimes investigacions aclareixen que la imatge compta com a instrument de permanència o durada de la memòria. Sense imatge és difícil que una informació es pugui consolidar en la memòria a llarg termini. I sense memòria a llarg termini no es produeix la reacció volguda: un sentit determinat del vot.

Els polítics acaben de descobrir-ho. El vídeo que va fer Al Gore sobre el canvi climàtic va tenir una repercussió insospitada en l'opinió pública. I ara, a Espanya, tant el Partit Popular com el Partit Socialista recorren a curtmetratges que subratllin amb imatges les seves propostes electorals. Els seus assessors els han convençut, per fi, que una proposta casual es transforma en una dada perdurable en la ment del votant si hi ha un suport audiovisual.

Fa molts anys que suggereixo el mateix als meus amics empresaris cada vegada que em demanen ajuda per organitzar un cicle de conferències científiques. «No ho feu», els repeteixo, «sense precedir o concloure l'arenga amb un bust parlant en un vídeo explicatiu». Fins fa poc, l'únic que semblava importar-los era que algun mitjà escrit publiqués una notícia relativa a la conferència, sense adonar-se que aquesta nota aïllada no deixava empremta en la memòria a llarg termini.

Passa el mateix amb l'educació dels fills i fins i tot amb l'amor. Perquè un codi social, com donar les gràcies per alguna cosa rebuda, s'instal·li en el procés cognitiu del nen, cal repetir una vegada i una altra el conegut missatge: «Gràcies, avi», «Gràcies, pare». Amb sort, potser arrelarà. I el mateix amb l'amor. Qui cregui que el seu amor pot sobreviure sense els petits detalls que el sustenten diàriament s'equivoca de mig a mig.

En els diferents exemples esmentats fins ara, la decisió presa no respon a un nexe de causalitat real —la imatge no converteix la notícia en més veritable ni la freqüència dels senyals amorosos donen compte d'una realitat diferent—. De fet, no té res a veure una cosa amb l'altra. És la nostra manera extravagant de prendre decisions. El cervell atribueix una relació de causa-efecte a fets que no tenen res a veure amb el resultat.

Altres vegades, les decisions es prenen en funció d'enunciats fútils. Es tracta del poder del marc de presentació, del que els anglosaxons anomenen *framing effect*. Està comprovat que es compra més fàcilment una medecina quan el prospecte diu: «Sense efectes secundaris en el 80% dels casos», que quan el prospecte diu el mateix d'una altra manera: «En un 20% dels casos s'han registrat efectes secundaris». Hi ha molts altres exemples de decisions que prenem simulant relacions de causa-efecte que són només aparents, de manera que no ens les hauríem de prendre gaire seriosament, ni les que prenen els altres ni nosaltres mateixos.

Aprendre per viure en pau

La majoria dels casos d'estats anímics pertorbats té una solució previsible. Només alguns es revelen intractables. El gran avantatge d'aquests últims, en canvi, consisteix en el fet que, mentre que gairebé ningú no s'ocupa del que passa a la gran majoria, tot l'aparell sanitari, mediàtic i institucional intenta ocupar-se dels casos insòlits. Les solucions per a les malalties que afecten molta gent —com la pèrdua de memòria, l'ansietat, la falta de concentració, les interpretacions lesives i injustificades dels malsons, l'absència d'objectius que paralitzen la voluntat o la pèrdua d'empatia— són increïblement simples i, a més, estan fonamentades des del punt de vista científic.

El cervell no perdona que no es vulgui aprendre res nou, per senzill que sigui, sense alguna mena d'exercici, ni que sigui només físic. Sense això no es pot progressar. Així, s'ha pogut demostrar l'avantatge de practicar exercicis mentals com la música, que aguditzen capacitats no solament vinculades a aquest camp, sinó a d'altres com els idiomes o una empatia més gran. Estar bé costa molt menys que no ens imaginem, però cal proposar-s'ho. No sabíem, per exemple, que uns senzills exercicis aeròbics repercuteixen favorablement en els estats d'ansietat perquè augmenten el nombre de neurones i el nombre de vegades que es comuniquen entre elles. Vols dir, Eduard, que si practico en grup moviments simples com aixecar els braços amb les mans obertes em minvarà el grau d'ansietat? Sí. Vull dir exactament això.

A la base del que acabo d'exposar hi resplendeix un descobriment que només hem sabut valorar en tota l'esplendor en temps recents. Fa falta aprendre per viure en pau. Sense aprenentatge, determinades àrees cerebrals, com l'hipocamp, s'encongeixen; la capacitat d'explorar noves solucions es perd, i el cos social es redueix fins a arrugar-se i perdre el potencial de creixement.

El que distingeix el progrés del coneixement humà de la resta dels animals és l'anomenat efecte trinquet o acumulat; és a dir, senzillament, no es perd allò adquirit, sinó que des d'allà es catapulta la innovació. No hi ha marxa enrere. Mentrestant, l'intel·ligent pop pot aprendre a obrir una llauna de sardines, però oblida el mecanisme gairebé tan de pressa com l'ha assimilat. Hem descobert l'impacte decisiu de l'educació i l'aprenentatge; el paisatge devastador que provoca el fet de mirar-se el melic un mateix i la inacció. No és savi el que medita aïllat del món, sinó el que hi interactua. Per fer-ho pot ser necessari recuperar la capacitat de concentrar l'atenció meditant, però amb la finalitat d'abordar després objectius col·lectius com ara la gestió emocional, la solució de conflictes i la integració social. Sols no anem enlloc.

El coneixement indispensable dels nens

Ara sabem que en el món globalitzat on vivim, els nens, tant com les empreses i els governs, han de fer uns deures amb quatre ítems per sobreviure. Quins són aquests quatre ítems que ells ja estan aprenent a l'escola i que, amb tot, ni els polítics ni les empreses es paren a imitar?

Focalitzar l'atenció per aprendre a concentrar-se és el primer. La diversitat de pantalles i suports diferents, com ara els mòbils, les consoles, Internet i les xarxes socials, ens ha ensenyat a assumir múltiples reptes alhora.

La naturalesa especial de la matèria que uneix els dos hemisferis cerebrals en el sexe femení havia fet de la dona una guanyadora indiscutible en l'objectiu de centrar l'atenció en diferents tasques alhora. Els altres, incloent-hi els nens, hem hagut d'estudiar les tècniques conegudes per focalitzar l'atenció. Està molt bé ser capaç d'abordar, alhora, els diferents processos que cristal·litzen en pantalles o suports separats; evidentment sempre que no perdem la capacitat de concentrar l'atenció en un problema concret quan calgui.

Per aconseguir-ho és important dur a terme un cert entrenament mental, com aconsella Matthieu Ricard, biòleg i monjo budista, que es pregunta per què no ens sap greu dedicar anys a la nostra educació, setmanes senceres a aprendre a jugar a escacs o a tocar el piano i, en canvi, ens sembla estrany dedicar temps a l'entrenament mental.

Ricard assegura que «la ment pot ser el nostre millor amic o el nostre pitjor enemic, i és per això que cal entrenar-la i no acceptar la idea que tota la resta en la vida arriba amb esforç, però que l'única cosa que es perfeccionarà per ella mateixa és l'amor i l'amabilitat, la compassió, l'obertura de mires, la llibertat interior, simplement perquè ho desitgem... em sembla una bestiesa colossal. No funciona així». Segons ell, «en certa manera hem de conrear la compassió i l'altruisme sobre la base de la raó, de la comprensió. I tenim el potencial per fer-ho, tots el tenim, de la mateixa manera que qualsevol té el potencial de córrer una marató, però si no s'entrena no ho aconseguirà. Bàsicament la idea és utilitzar el potencial per aconseguir una habilitat òptima. Per això "l'entrenament mental" es podria anomenar, per satisfer aquells a qui no agrada l'expressió, "gimnàstica per a la compassió", si així se senten més còmodes! O, què sé jo, "conrear les qualitats humanes bàsiques"».

El SEL, un acrònim anglès que engloba l'aprenentatge de tècniques adreçades a millorar la interacció social i regular les emocions, constitueix la segona pauta del nou abecedari que ja avui dia s'ensenya als nens, però que els dirigents empresarials i polítics encara desconeixen. Hauríem d'aprendre a tenir consciència del que sentim i a manejar les emocions més pertorbadores, així com els nostres impulsos; i a recalcar l'expressió respectuosa dels sentiments. Només això últim obre grans possibilitats a la creativitat, coartada de vegades per la vergonya o la por a la crítica. Aquesta actitud comporta un increment de la consciència d'un mateix, de la capacitat descriptiva, del detall i l'oratòria. I convé no deixar d'esmentar els beneficis de desestimar el cop de colze i la competició, en favor de l'empatia i la cooperació a l'hora de resoldre els problemes, tant si són els de mates com si són els de la vida.

La resolució de conflictes és el tercer punt del nou coneixement indispensable per sobreviure al segle XXI. Ja no val l'antiga actitud d'ignorar-los o aparcar-los. Els dilemes que han de resoldre's són inevitables i s'han d'abordar amb resolució i ganes. Les interaccions entre causes diverses són massa nombroses i complexes per continuar creient que el temps ho cura tot. No és veritat. Els problemes que abans es podien arraconar al rebost de la història irrompen avui i disloquen la vida quotidiana de la gent: polítiques d'immigració equivocades, dèficit en les prestacions sanitàries o de seguretat ciutadana.

Finalment, a escala mundial estan disminuint els índexs de violència, mentre que augmenten els de compassió i altruisme. Ens ho ensenyen tant la ciència com l'experiència dels últims anys, en contra del que continuen opinant molts sectors, sobretot mediàtics. Per això, qualsevol opció política emparentada amb la vella lluita de classes està condemnada al fracàs i només poden consolidar-se les polítiques i les decisions basades en el consens i la reflexió col·lectiva.

Itinerari 3

Claus per entendre les nostres emocions

Una qüestió de freqüència

És fascinant constatar els efectes imponderables del pas del temps. Imprevisibles, fins que la biologia molecular ha permès als neurocientífics penetrar en alguns dels seus secrets. Es coneixia la relació entre el pas del temps i l'alleujament del dolor. Al cap de sis mesos d'un gran contratemps personal, la ment l'ha digerit i la vida, que semblava inconcebible després de la desgràcia, comença a perfilar-se de nou i reneix l'esperança. Sabíem que quan al final del camí s'està convençut que s'experimentarà una emoció positiva —un casament, un naixement— el pitjor error és malgastar la felicitat que es troba en el mateix procés de la recerca. La felicitat és a la sala d'espera de la felicitat.

El que no sabíem és que l'absència física prolongada molt de temps mata l'amor. Sembla que l'amor romàntic o és etern o no és amor. «T'estimaré sempre», es diuen els enamorats. Ara bé, les investigacions moleculars del científic Lord Adrian Edgar fa més de trenta anys apuntaven en direcció contrària. I sabem que tenia raó. Per què?

Els senyals elèctrics que recorren les cèl·lules nervioses quan es comuniquen són molt semblants, al marge de la força, la durada o la localització de l'estímul exterior que les provoqui. Quan se sobrepassa el llindar per produir el senyal, té lloc la descàrrega. Si ella o ell no és capaç de generar el senyal en el sistema nerviós de l'altre, no passa res. Però quan es dóna l'estímul amorós, els potencials d'acció són sempre similars. Els lectors es preguntaran com es transmet, llavors, la intensitat de l'estímul. De quina manera una neurona informa sobre la intensitat de l'estímul que la fa vibrar?

Ho sento, estimats lectors, però la intensitat transmesa no depèn de la mena de senyal d'alarma o del desig generat per l'estímul exterior, sinó de la seva freqüència. Així mateix, la durada de la sensació és determinada pel període de temps durant el qual es continuï generant el potencial d'acció. Si tots els estímuls s'amunteguen, la sensació serà intensa; si s'espaien en el temps, la sensació serà feble.

És més, no sols la intensitat experimentada depèn de la freqüència amb què es produeix l'estímul, sinó que el tipus d'informació transmesa depèn de la classe de fibres nervioses activades i els sistemes cerebrals específics als quals estan connectades aquestes fibres. La informació visual és diferent de l'auditiva perquè transcorre per canals diferents. El que mirem de suggerir és que el que està en l'origen d'una sensació —sigui visual, tàctil o auditiva, els maons de l'amor— és indiferenciada. L'únic que compta és la freqüència dels impulsos i els canals de comunicació utilitzats.

Però deixem ara la biologia molecular i les cèl·lules nervioses, sense oblidar que som una comunitat errant de cèl·lules. Com pot ser que en la vida quotidiana siguem tan desconsiderats amb l'impacte del temps, de les absències i de les freqüències? Per què en prescindim, considerant els perjudicis que aquesta actitud causa en la nostra vida?

Si científics precursors, com Lord Edgar Adrian, i els seus actuals seguidors, com el premi Nobel Eric R. Kandel, han demostrat la importància de la freqüència dels estímuls a escala cel·lular per definir la intensitat d'una emoció, per què hi ha tants pares que no tenen temps de dialogar amb els seus fills, o enamorats que converteixen en una excepció el contacte de mans o llavis? L'única excusa que tenim és que ningú, o gairebé ningú, ha dedicat temps a activar la seva capacitat metafòrica per deduir les implicacions per a la vida quotidiana d'aquelles investigacions a escala molecular.

El costat social de les emocions

Sembla que els psicòlegs s'han concentrat massa en els aspectes estrictament privats de les emocions, en detriment dels socials. Quan hi pensem, imaginem les emocions com elements que sobrevenen de sobte i que són el resultat de les nostres pròpies interpretacions del que ens passa. Però si considerem l'àmplia varietat de les nostres experiències emocionals en la vida quotidiana, resulta evident que la majoria de les coses que generen emocions també tenen a veure amb la reacció d'altres persones. Solem oblidar que les emocions que sentim estan condicionades pel que pensen els altres.

En un experiment de la dècada de 1970 es va demostrar que els estudiants japonesos expressen les emocions de manera diferent de la dels nord-americans. Se'ls va mostrar una pel·lícula amb escenes d'operacions mèdiques desagradables que solen inspirar repugnància. En la primera part de la prova, les pel·lícules es van passar individualment i es van enregistrar les expressions de la cara durant la projecció. En aquesta fase no hi va haver diferències notables entre els estudiants d'ambdues cultures. Amb tot, més tard se'ls va tornar a fer veure la pel·lícula mentre eren entrevistats, bo i enregistrant les expressions facials. En aquest cas, les expressions dels dos grups van ser molt diferents. La interpretació habitual en aquest cas era que els japonesos, segons se'ls havia ensenyat en l'etapa de socialització, no mostraven les emocions negatives davant d'una autoritat, sinó que les ocultaven amb expressions més positives.

És evident que hi ha diferències interculturals en l'expressió de les emocions bàsiques i universals. Alguns idiomes i cultures tenen paraules per expressar-les que no tenen una traducció directa a altres llengües.

El fet que un idioma presti prou atenció a un fet o una emoció per codificar-la probablement indica que es tracta d'un fet o una emoció rellevants en aquest context cultural. No vol dir que persones de cultures diferents no comparteixin les mateixes experiències emocionals, sinó més aviat que varia la manera específica de respondre a aquestes experiències. És el que demostra un estudi antropològic realitzat a Tahití, on les persones no sols oculten la tristesa, sinó que, de vegades, la transformen en una manifestació divertida perquè és el que els exigeix la seva cultura.

Brian Parkinson, professor de psicologia social de la Universitat d'Oxford, també opina que els psicòlegs s'han concentrat excessivament en els aspectes privats de les emocions. Per a ell resulta evident que la majoria de les coses que ens generen emocions tenen a veure amb altres persones: per exemple, ens disgustem quan algú diu alguna inconveniència que ens ofèn o ens alegrem quan algú ens felicita. Parkinson sosté que les primeres emocions que els bebès experimenten constitueixen una manera natural de relacionar-se amb l'entorn. Fins i tot la ira no és només personal, sinó que es reforça amb les reaccions dels altres, que no veuran de bon ull que una persona cedeixi a la ira com a resposta a una acció que no s'ha fet a propòsit, i aquesta reacció reforçarà el significat cultural que atribuïm a l'emoció.

Aquest professor d'Oxford opina que no existeix un cervell social, una ment que controli les emocions dels grups, com diuen alguns sociòlegs. Ell creu que els sentiments que les persones tenen quan estan en una multitud són bastant semblants als sentiments que tindrien si estiguessin sols. El fet d'estar en grup els pot intensificar perquè s'alimenten amb els dels altres.

Els japonesos no solen exterioritzar les emocions negatives davant d'una autoritat i les oculten amb expressions més positives.

El vell debat sobre si les emocions bàsiques són universals —idèntiques per a tothom— o un subproducte de cadascuna de les diferents cultures s'ha acabat. Naixem amb les mateixes emocions bàsiques, al marge de la cultura on ens desenvolupem. Però l'expressió social d'aquestes emocions pot canviar d'una cultura a una altra. Els estudiants americans i japonesos experimenten el mateix disgust davant d'escenes doloroses, però els últims tendeixen a emmascarar la seva expressió si se saben observats, perquè els ho imposa la cultura. Ho diu molt bé Parkinson quan explica que, en les emocions, hi ha parts que són universals i parts que són culturals, però el problema és que totes dues estan lligades. La cultura no és un fenomen completament allunyat de la biologia, sinó que és la suma d'una predisposició biològica i la tendència a relacionar-se amb els altres d'una manera concreta. I la biologia, que funciona a través de la selecció natural i l'evolució, recorre al que ja existeix en l'entorn social. No es poden separar.

Les arrels de la infelicitat

La selecció natural, al llarg de milions d'anys, ha donat com a resultat un escenari pròxim a la lògica. Els organismes als quals els funcionava el circuit cerebral de motivació i recompensa per menjar sobrevivien millor que els dotats amb circuits mediocres. Menjaven més i sobrevivien. Aquells als quals els agradava fer l'amor més que a d'altres, i interposaven menys barreres al desig, garantien millor la perpetuació de l'espècie. Si això és així, com s'explica la capacitat infinita de la gent per fer-se infeliç? Quina és la raó evolutiva darrere d'aquest propòsit estrafolari?

Que ningú no em digui ara —després dels avenços de la psicologia i la neurologia— que per ser creatiu s'ha de ser infeliç. Aquest debat va durar massa anys i va alimentar l'absurda idea que la depressió i fins i tot la bogeria eren creatives. Quedava bé arrossegar una depressió constant, mentre es formulava una filosofia presumptament molt sofisticada. Avui sabem que la depressió és una malaltia, com la sífilis, provocada per un o més gens, o per l'entorn, i que afecta les dimensions de l'hipocamp, la sang i els ossos. Es pot ser creatiu malgrat la depressió, però no gràcies a ella.

Així, doncs, quines són les causes evolutives d'aquesta capacitat infinita de la gent per fer-se infeliç? Té a veure amb l'enveja? És veritat que a la majoria de les persones els importa més el que guanya el veí que el creixement del producte nacional brut. Però té a veure amb la perversió cultural que coarta en nom de convencions subtils, però indestructibles, la capacitat de gaudir? Amb què té relació aquesta capacitat infinita per fer-se infeliç? Se'n guarda el secret a l'interior dels infeliços? En la seva manera equivocada de gestionar les emocions? Per què tanta desconfiança, emmurriament i falta d'esplendor?

Ho he preguntat a una infinitat de persones informades i puc anticipar la raó que se sol adduir i que inclou totes les altres: «L'ésser humà ha sobreviscut i ha superat altres espècies precisament per la capacitat de prendre consciència de les limitacions pròpies, i això és el que li causa infelicitat i disgust amb l'entorn i amb els altres».

Aquesta és la convicció generalitzada, que descansa en l'error descomunal de culpar de la infelicitat la recerca del coneixement de les coses i de les persones. Per a tots els premis Nobel amb qui he parlat, el temps més feliç de la seva vida va ser quan investigaven; quan, conscients de les seves limitacions, aprofundien en el coneixement de les coses i les persones. El premi va representar, quasi sempre, més aviat una nosa en la carrera d'investigador.

La ciència moderna posa de manifest, contradient la creença generalitzada, que la infelicitat té les arrels en la mania del cervell de no qüestionar les seves creences ni renunciar-hi. D'aferrar-se a conviccions falses. De no desaprendre. De no aprofundir, precisament, en el coneixement de les coses i de les persones com són, i no com ens pensem que són.

Martin Seligman, professor de psicologia a la Universitat de Pennsilvània, als Estats Units, és mundialment famós perquè és el principal impulsor de la denominada psicologia positiva. Aquest professor treballa per alleujar el patiment al món. Per a ell la clau de tot rau a adonar-se que la noció de felicitat és científicament impossible de concretar, significa massa coses per a la gent, encara que ell ha intentat descompondre-la en tres elements per poder mesurar-los científicament i donar a les persones claus per intervenir. El primer element és la vida de plaer i d'emocions positives, com per exemple les rialles, els somriures o el fet d'estar de bon humor. El segon és la vida compromesa, és a dir, comprometre's en l'amor, en la feina, amb els fills, amb l'oci, amb les amistats. I el tercer és la vida significativa, que és la part amb un major component d'intel·ligència. Es tracta de saber quins són els punts forts de cadascú i utilitzar-los per a alguna activitat que creiem que és més gran que nosaltres. Així, tenim la vida agradable, la vida compromesa i la vida amb significat, les tres nocions que formen el concepte de felicitat i que es poden constatar de manera científica.

Què ens fa prendre decisions?

No sembla admissible que pretenguem saber tantes coses sobre l'Univers que ens envolta i que, no obstant això, no sapiguem per què prenem una decisió en comptes d'una altra. Hi ha una explicació raonable de per què elegim una persona com a parella i no una altra? Hi ha algun principi que sustenti la decisió de participar en un joc d'atzar en comptes de prescindir-ne? Per què ens casem? Per què continuem en una feina que no ens agrada? Ha arribat el moment de tenir un fill? Contesto l'últim correu electrònic?

La pregunta que intento formular a economistes i neuròlegs és si hi ha una teoria de la presa de decisions quotidianes que expliqui de manera adequada la nostra conducta. Els economistes han dit que sí ja fa temps, aplicant el que ells denominen la teoria de jocs. Per part seva, els neuròlegs han confirmat recentment que hi ha una explicació teòrica de per què triem el que triem entre diferents alternatives, però la seva teoria no coincideix amb la dels economistes. És a dir, els neurocientífics han constatat que la teoria dels economistes no té validesa. Arran d'aquest petit contratemps, els uns i els altres han decidit, amb molt de seny, formar un equip multidisciplinari i, per fi, comencem a saber per què prenem les decisions.

El que s'amaga darrere de cada decisió

Jo diria que el descobriment més sorprenent ha estat detectar la importància dels sentiments innats o de la bastida emocional a l'hora de decidir. Hi ha consideracions socials i no sols individuals que connecten directament amb el mecanisme cerebral del premi i la recompensa.

Marc Hauser, psicobiòleg de la Universitat de Harvard, defensa l'existència d'uns principis morals universals que regeixen les nostres decisions i judicis a l'hora de distingir el bé del mal. Hauser creu que hi ha un conjunt de principis comuns que sembla que tots els éssers humans comparteixen pel que fa als judicis morals. En les seves investigacions, aquest psicobiòleg demanava a la gent que li donessin una resposta al que per a ells és moralment just davant de diferents problemes morals. De vegades donaven una resposta però no podien dir per què, i això és el que suggereix, segons Hauser, que hi ha un procés inconscient que els empeny en una direcció o una altra.

Hauser està investigant amb diverses tecnologies en neurociències per identificar circuits cerebrals que són crucials en la presa de decisions morals. Una línia d'investigació apunta als lòbuls frontals del cervell. Sembla que quan aquesta part del cervell està danyada perdem la connexió entre les emocions i la presa de decisions. Resulta que quan estem confrontats amb dilemes morals aquesta zona és molt rellevant, però per a molts altres dilemes no ho és. El que suggereix és que, per a una certa mena de problemes morals, les emocions semblen irrellevants: es poden prendre decisions basant-se en el que algú va creure, en el que algú va intentar, i sembla que les emocions no hi exerceixen cap paper. Però quan sorgeix un dilema, quan la decisió perjudica a un però beneficia a molts, sorgeix el conflicte.

Els neurocientífics comencen a assenyalar quines són les estructures importants, des d'un punt de vista causal, que ens permeten emetre judicis morals, creences, emocions, intencions.

Així, sabem que, en la pràctica, els que prenen decisions ho fan de manera menys interessada i egoista del que apuntaven els economistes. El mòbil individual i estratègic compta menys del que se sospitava. Pot ser que la influència de la moral innata o l'esperit de cooperació determinin gran part de les decisions que prenem? S'ha de veure per creure-ho.

I per veure-ho, es van dur a terme els primers experiments amb l'anomenat joc de l'ultimàtum, un exercici molt senzill entre dues persones. A una d'elles se li donen mil euros i se li exigeix que cedeixi una part dels diners, la que sigui, al seu company de joc, però amb l'advertència que si l'altre jugador la rebutja perquè considera injust el repartiment, tots dos es quedaran sense diners. Per als economistes —abans de dialogar amb els neuròlegs—, era segur que la recerca de l'interès propi induiria l'altre a acceptar qualsevol oferta superior a zero. Uns quants euros són millor que res. Els repetits experiments efectuats pels neuròlegs, en canvi, han demostrat que quan l'oferta al company de joc és inferior al 20%, aquest hi renuncia i prefereix que cap dels dos no es quedi res. El sentiment d'injustícia preval sobre l'interès de quedar-se doscents euros.

D'aquí a suggerir que hi ha un programa moral innat no hi ha més que una passa, que molts científics ja han fet. «No som tan bèsties com semblem», diuen aquests científics. Les emocions, i no només la raó, exerceixen un paper primordial en les decisions morals.

Sisplau, que els lectors es qüestionin el següent i en funció de la resposta els diré el que els passa. Imaginem-nos que entra a l'estació un tren a tanta velocitat que corre el risc d'atropellar cinc treballadors a la via. L'única manera d'evitar-ho seria empenyent a la mort un innocent per aturar el tren. Moriria un innocent, però se salvarien cinc vides. Quina opció triar? Doncs bé, excepte les persones amb una lesió cerebral determinada, ningú o gairebé ningú no opta per aquesta solució.

Ningú no porta un cartell que digui: «Sóc un psicòpata»

Tenim uns certs coneixements sobre els factors que incideixen en el nivell de felicitat. S'han descobert coses tan evidents com que el nivell de renda o fins i tot la salut no són els factors externs més significatius. Només quan el nivell de renda està per sota del de subsistència, els diners equivalen a la felicitat. Quant al deteriorament de la salut, fins i tot després de contratemps personals significatius, el temps en pal·lia els efectes. Són les relacions personals el factor determinant.

El que no s'ha estudiat prou, encara, és la dimensió de la capacitat d'estimar, que, amb tot, té un pes aclaparador en les relacions personals. Gràcies, sobretot, al científic canadenc Robert Hare, sabem qui és incapaç d'estimar. Els psicòpates, dels quals ja he parlat, no tenen consciència del patiment dels altres i, en termes més generals, no poden posar-se al lloc de l'altre, sentir remordiments pel dolor infligit, empatitzar amb una altra persona i, per tant, no poden estimar. Es tracta de l'1% de la població, únicament, però constitueixen més del 15% dels delinqüents detinguts, perquè el grau de reincidència que presenten és molt més elevat que la mitjana i els seus crims, més variats. La xifra de l'1% no reflecteix en absolut el patiment ingent que els psicòpates causen des dels estaments del poder, de l'empresa i de la vida personal. El problema és que ningú no porta un cartell que digui: «Sóc un psicòpata». Al contrari, són excel·lents comunicadors, i el seu caràcter resolutiu i agosarat els va convertir en excel·lents candidats per a les empreses sumides, en la dècada dels noranta, en processos de reorganització provocats per la crisi econòmica. Lluny de resoldre els problemes, van crear destrucció i patiment al seu voltant.

Les arrels de l'amor

La resta de la població pot estimar i s'enamora, però, lògicament, els uns més que els altres. De què depèn aquesta capacitat d'estimar que, al seu torn, influeix sobre els nivells de felicitat?

En primer lloc trobem el que els psicòlegs anomenen el «vincle familiar». En experiments efectuats amb cries de ratolins, els petits als quals s'expressa l'afecte matern mitjançant llepades creixen amb més autoestima i seguretat en ells mateixos que els que són abandonats a la seva sort. Un dels grans descobriments de la psicologia moderna ha estat, justament, la identificació de les repercussions indubtables que té per a la vida de l'adult el que hagi passat en l'entorn familiar inicial. Són les etapes de formació incipient de la part més desenvolupada del cervell les que es poden veure afectades per les vivències de la vida familiar en la infància.

Ara bé, el que no se sabia és que en funció del grau d'afecció es genera més o menys autoestima i seguretat en un mateix. Els dos trets de caràcter són essencials per comportar-se profitosament en l'entorn següent: el de l'escola i el començament de les interrelacions socials, més enllà de l'àmbit purament familiar. Tant l'autoestima com la seguretat en si mateix resulten indispensables per aprofundir amb ganes en el coneixement i la curiositat dels altres. Ja hem dit que durant la infància resulta relativament fàcil conquerir l'amor del cercle íntim. Per als familiars, el reiet de la casa és el més llest i guapo. La resta de la vida, però, transcorre en una lluita tenaç per assolir el reconeixement de la resta de les persones, la majoria de les quals són desconegudes o indiferents. Es tracta de l'àrdua tasca d'aconseguir l'amor de la resta del món.

Segons apunta William James, si al començament de les interrelacions socials s'utilitzen els resultats positius de l'atenció maternal, es passarà a la conquesta de l'amor de la resta del món amb ànim de continuar explorant relacions. En l'altre extrem hi ha la predisposició al rebuig o, en el pitjor dels casos, l'ànim de destruir el món que ens envolta. Aquest sol ser el cas de molts dels psicòpates amb estigma genètic o sense.

La inversió parental

Un altre component fonamental de la capacitat d'estimar és determinat per l'anomenada inversió parental, representada per la fusió amorosa primer, la construcció del niu després —que inclou els fills, la hipoteca i les relacions laborals— i, finalment, la definició dels àmbits de llibertat de cada membre de la parella. Es tracta d'una dura negociació, entaulada, sobretot, de manera inconscient.

Els economistes, ajudats pels psicòlegs, han aportat una dada nova a aquesta inversió parental. Es tracta de la tecnologia dels compromisos, que pot tornar tibants fins a extrems perillosos les relacions de la parella i la consegüent atenció dels fills. La vida moderna es caracteritza per una multitud de compromisos nous que competeixen amb els heretats o els propis de la vida familiar. Tant el nombre de fills com les obligacions adquirides competeixen per uns recursos limitats, amb el consegüent efecte negatiu en la dedicació familiar. La inversió parental d'avui dia no es pot comparar amb la de cap període passat.

L'últim concepte que intervé en la capacitat d'estimar és la resistència dels materials i el metabolisme biològics, tant de tipus hormonal com cerebral. Generar afecció, invertir en els suports materials que sustenten la relació de parella, requereix una certa resistència que no és idèntica en tots els casos. Aquests són els maons amb què es construeix la capacitat d'estimar d'un individu. Ara bé, per a la gent del carrer potser és més interessant que aquesta avaluació científica el procediment precís pel qual cristal·litza la capacitat d'estimar. El descobriment més recent i insòlit el devem al neurocientífic mexicà Ranulfo Romo, després d'anys d'investigacions amb mones *rhesus*. Davant d'un estímul extern —una dona molt guapa i intel·ligent o un home molt esvelt i intel·ligent—, la part primordial del cervell activa una sensació de benestar. Perquè aquesta sensació es transformi en un sentiment d'amor o felicitat fa falta que el pensament es posi a furgar en la memòria, a la recerca de dades o records semblants. És una recerca frenètica i instantània en el passat. Tant és així que —d'acord amb Ranulfo Romo— sense memòria no existiria el món. D'alguna manera, tot és passat.

Al cervell hi ha una meravella de circuits que són capaços de guardar la nostra experiència i que ens permeten tenir una identitat. Al llarg de la història, l'ésser humà ha anat transmetent informació —primer ho va fer de viva veu i després per escrit—, que guardem en la memòria i ens serveix per fer coses, per viure. Al cervell hi portem tot el passat i sense ell no podem saber el que som en aquest moment.

Una de les grans virtuts que té el cervell és que pot generalitzar, que pot anar més enllà del que ha après i guardat en la memòria. És capaç d'anar transformant aquestes experiències i la informació que aporta la realitat per adaptar-se.

Enamorar-se: qüestió de química

Quin lector home no ha experimentat la frustració que causen les reticències i els ajornaments consecutius —la promesa d'un altre sopar o d'un cafè la setmana entrant— d'una dona potser enamorada o potser no?

Aquesta actitud femenina que rebota a la ment del seductor presenta clars perfils evolutius: es tracta de la precaució lògica de qui té molt a perdre en una inversió precipitada i, també, del major component mental de la libido femenina.

La fase inicial de l'amor s'assembla a una muntanya russa hormonal, amb pujades i baixades brusques que indueixen els diversos estats necessaris perquè més endavant es pugui consolidar una bona relació. Una trobada afortunada genera ansietat perquè, encara que es pugui haver iniciat el procés amorós i postergat l'aversió a estranys, tampoc no es vol, d'entrada, deixar-se arrossegar per aquest amor. Segons Helen Fisher, investigadora del Departament d'Antropologia de la Universitat de Rutgers, als EUA, hi ha un component cultural molt important quan ens enamorem, però també el moment és essencial. És a dir, cal estar disposat a enamorar-se.

Si això passa, les persones enamorades presenten índexs de cortisol més elevats que els altres, la qual cosa reflecteix l'estrès que produeixen els estímuls associats als inicis d'una relació.

Com explico en el meu llibre *El viatge a l'amor*, fa falta un nivell moderat d'estrès per encetar un vincle. L'amor és una arma de dos talls. Enamorar-se i ser correspost ens fa sentir bé, eufòrics, obsessionats per l'altre. Hi ha motius d'alegria; el que va començar per una sensació de plaer a la ment esperonada per un estímul exterior s'ha transformat en una emoció d'amor en tota regla.

Tant és així que, sovint, fa l'efecte que un ha caigut en un estat semblant al de les conductes obsessives. La diferència rau en el fet que, en aquestes, l'obsessió es manifesta en alteracions de conducta, mentre que l'enamorament fa canviar, sobretot, el pensament: només es pensa en la persona estimada.

Qui no es reconeix en una situació com aquesta, característica de l'enamorament no premeditat? És un fet químic i sobtat, però ja té tot el potencial de l'amor absolut. No s'ha de subestimar el coneixement inconscient assimilat per l'amígdala —l'òrgan cerebral rector de les emocions— durant milions d'anys, però no és, òbviament, el moment adequat per a la calma. Els nivells de serotonina baixen. Alhora, sorgeix un refús a deixar-se arrossegar per estímuls nous que afecten els compromisos ja adquirits. La concentració de vasopressina, una de les dues hormones, amb l'oxitocina, de l'amor, augmenta.

S'ha suggerit que les preferències mostrades per una parella determinada es deuen als circuits de la vasopressina, que, d'alguna manera, connecten amb els circuits de la dopamina, l'hormona del plaer, per la qual cosa un organisme associarà una determinada parella amb una sensació de recompensa. Fisher diu que en el moment de l'enamorament trobem activitat en moltes parts del cervell, però sobretot en una petitíssima zona que hi ha a prop de la base del cervell, anomenada àrea ventral tegmental, que produeix la dopamina.

Qui guanya o perd la partida? Té més probabilitats de guanyar-la aquell dels dos membres de la parella que sigui conscient de cavalcar una muntanya russa i sàpiga esperar que soni el xiulet del final d'aquesta volta per reiniciar conjuntament el camí després de la tempesta hormonal.

Quan en una ocasió li vaig preguntar a Helen Fisher si en l'amor realment tot és química, em va respondre amb un sí rotund. Em va recordar que cada vegada que produïm un pensament, tenim una motivació o experimentem una emoció, sempre es tracta de química. Tot i que això no vol dir que l'amor perdi la màgia.

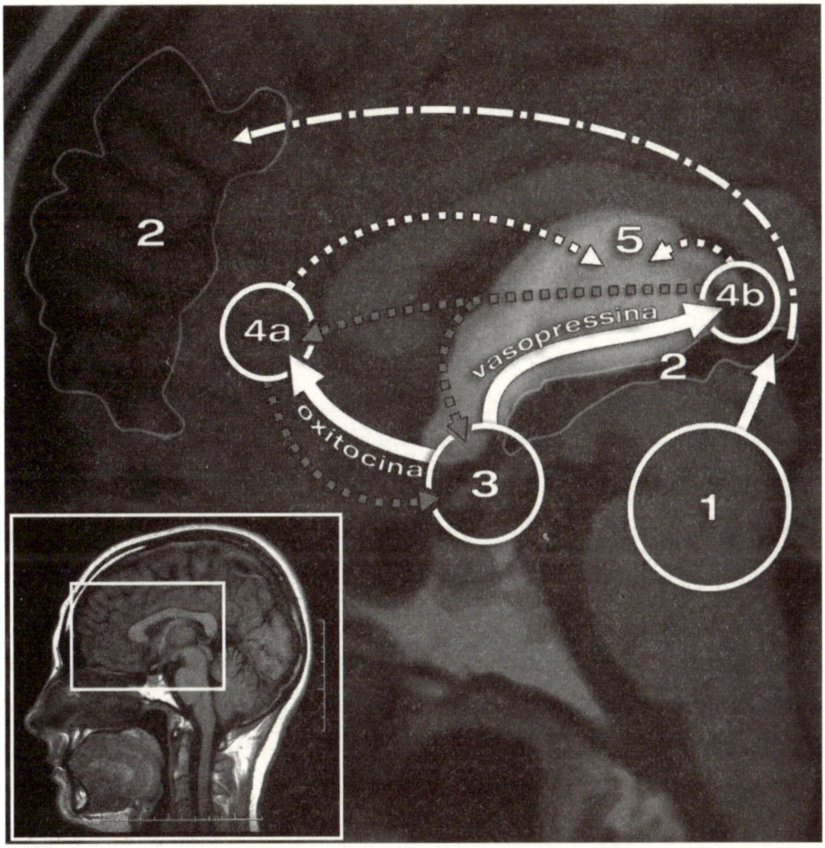

La fenetilamina, produïda en grans quantitats com a resposta a l'estimulació visual, activa dues regions cerebrals diferents, amb dos efectes contraposats:
– Nuclis mesencefàlics productors de dopamina (1), que inhibeixen les regions cerebrals en què es processen les emocions negatives i el judici crític (2). Literalment, «perdem el judici», i el nostre estimat/da se'ns mostra sense cap defecte.
– Eix hipotàlem-hipòfisi (3), que segrega oxitocina cap al nucli *accumbens* (en la dona) (4a) i vasopressina cap al pàl·lid ventral (en l'home) (4b), la missió del qual és l'estimulació del circuit de recompensa (5). Ens ve de gust, ens prova molt ser a prop de la persona estimada.

Nosaltres podem conèixer perfectament la fórmula que hi ha darrere l'amor però ens pot continuar embruixant com si no en coneguéssim les claus secretes.

Som optimistes per naturalesa

Sempre ho havia sospitat. Tendim a creure que el resultat particular serà molt millor que la mitjana. Enmig del desordre generalitzat pensem que les possibilitats de perdre la feina són poques. No es tracta que, en recordar el passat, siguem més pessimistes que en anticipar el futur. No és una qüestió de passat ni de futur; resulta que el futur deixa més portes a la imaginació i, senzillament, les aprofitem.

El que estem descobrint als laboratoris és que ens comportem de manera optimista, encara que la realitat no ho permeti gaire. Som optimistes per naturalesa, per no sumir-nos en les tempestes íntimes provocades per la depressió i el pessimisme.

Evolutivament, les coses han estat tan dures que aquells organismes modelats per corrents optimistes arribaven a bon terme en un nombre més gran. Per poder sobreviure ens enganyem a nosaltres mateixos fent-nos creure que el futur serà més fàcil que ara. En esperar notícies positives i generar amb elles imatges mentals seductores, exercim una funció adaptativa: modelem el comportament present en funció de l'objectiu futur.

Estic segur que a mi i a molts dels meus lectors, lluny de reconfortar-nos, aquest descobriment sobre el comportament humà ens preocupa. Es pot donar gràcies al cel que la sobredosi d'optimisme ens ajudi a deambular millor per la vida o bé, al contrari, rebentar d'indignació davant la perspectiva de tants esculls irritants que només es poden salvar enganyant-nos a nosaltres mateixos.

Fa uns quants anys vaig viure de prop tres històries d'amor en un aeroport que em van impressionar i que potser ara ens ajudaran a calibrar el perquè de la sobredosi d'optimisme en el nostre comportament.

Una trobada fortuïta entre dos personatges dóna lloc a un amor profund, desinteressat i bonic. Tant ella com ell constaten que les d'aquesta trobada han estat les hores més boniques de la seva vida. Però ella posa fi a la història d'amor l'endemà al matí, al·legant un compromís previ i estable amb la seva parella.

La segona parella a la recerca de l'amor també l'havia trobat. Va ser irresistible i tot semblava afavorir-lo: la llibertat de tots dos i una capacitat d'estimar generosa. L'únic problema era que l'educació que tots dos havien rebut —compte!, no només la d'ella— els impedia fer l'amor al cap de poques hores d'haver-se conegut. Aquesta realitat dificultava el naixement d'un amor tendre, ara a mercè de les coincidències impredictibles de la vida moderna.

En el tercer cas, tots dos havien assumit el seu amor i la infidelitat envers les parelles respectives. Es veien als aeroports molt de tant en tant i conservaven l'escalf de les famílies respectives. El problema, en aquest cas, era que cada vegada els resultava més difícil trobar un buit en les agendes pleníssimes.

Al vol de tornada vaig submergir-me de nou en la lectura de l'experiment dels neuròlegs que demostra que funcionem amb una sobredosi d'optimisme que ens ajuda, evolutivament, a superar els mals tràngols. No m'estranyava el que llegia. Acabava de viure tres experiències d'amor segur, sense enganys, que podrien haver durat per sempre i que, amb tot, no havien pogut quallar. «Si això passa amb l'amor de veritat», vaig pensar per a mi mateix, «com es resisteix la trama de fracassos quan es confon amor amb desig, diners amb seguretat o quan l'amor és engany a seques?». Definitivament, fa falta molt d'optimisme, llevat que les regles de l'amor s'adaptin a les exigències de la vida moderna.

D'altra banda, el professor Martin Seligman, en una de les seves investigacions, va estudiar trenta professions diferents als EUA per veure la relació entre l'optimisme i l'èxit, i només en va trobar una en què els pessimistes tenien més èxit: l'advocacia. És l'única professió en què els pessimistes triomfen, encara que Seligman apunta un motiu clar. «Als EUA per exercir com a advocat cal imaginar-se la pitjor catàstrofe que li podria haver passat al teu client, cal ser capaç de trobar els monstres a sota de la catifa», diu, cosa que està molt bé per veure la part de la vida que és menys probable, però desgraciadament el pessimisme no és una característica que es pugui deixar en un calaix de l'oficina, el que és pessimista ho és en tots els aspectes de la vida, de manera que aquests advocats triomfadors van pel món amb menys recursos que els optimistes de què hem parlat. Tal com ens recorda Seligman, l'índex de depressions, suïcidi i divorcis entre els advocats és el més alt dels EUA, malgrat que és la professió més ben pagada.

La consciència, aquesta gran desconeguda

Fins fa molt poc temps, no crèiem que l'inconscient o les emocions que s'hi allotgen poguessin interferir en la nostra vida. Quan ho feien, era un signe de debilitat. De fet, calia ocultar-les perquè no afloressin en les expressions facials corresponents, segar-les perquè no fessin ombra a la raó, sacrificar-les a fi de satisfer les convencions socials heretades del passat i fermament arrelades. Ara hem descobert que no prenem cap decisió que no estigui influenciada per les emocions que ens bullen a l'inconscient. I, el pitjor de tot, constatem —com ja he dit en més d'una ocasió— que ningú no ens ha ensenyat a gestionar-les. Hem après un munt de coses sense sentit, però no sabem com incidir en la nostra conducta quotidiana gestionant millor l'únic, o gairebé l'únic, que la determina.

Ja fa molts anys que m'assetja el dubte sobre la singularitat de la consciència. Va ser després de les converses que vaig mantenir amb dos grans científics, primer amb una biòloga nord-americana i després amb un físic europeu, que se'm va despertar la curiositat. La biòloga americana, assenyalant els moviments de bacteris induïts per un corrent magnètic al laboratori, va mussitar per a ella mateixa, sense adreçar-se a ningú: «I si els bacteris tinguessin consciència?».

El físic havia rebut el premi Nobel per les seves investigacions en microscopis. Intentàvem aprofundir en les diferències entre la matèria inerta i els éssers intel·ligents quan va exclamar: «Arribarà un dia en què les diferències entre la matèria inerta, els organismes vius i la intel·ligència seran molt més difuses que ara!».

Aquests pensaments recullen part de les inquietuds d'alguns lectors que proposen que descendim a les molècules, a les partícules, a allò més fonamental —els components bàsics de tot el que veiem i sentim— per entendre no sols els nostres esquemes organitzatius, sinó també la nostra pròpia consciència. El que fa esgarrifar d'aquest viatge és que, al final, hi ha molt més buit que cap altra cosa.

Guardant les proporcions, la distància d'un electró al nucli d'un àtom dels quals estem fets és semblant a la que separa la graderia dels aficionats al futbol del centre del camp. Un organisme viu està fet, bàsicament, de buit. I l'espai, gairebé del tot. La nostra intel·ligència es mou en aquest buit. A penes estem començant a saber com funciona. Hem descobert la importància de dos conceptes que, fins avui, infravaloràvem: el passat i l'inconscient. I tot és passat i gairebé totes les nostres decisions són fruit de l'inconscient.

Del passat en diem història, i havíem dedicat unes quantes ments preclares a escrutar-lo. No gaire més. A tothom li semblava evident que el present i el futur eren l'important. En relació amb cada ment individual, la reacció enfront d'un estímul exterior —una cara o un edifici bonic— ve donada per les gravacions neuronals d'esdeveniments semblants en el passat. Percebem alguna cosa, però el que visualitzem està impregnat de la nostra pròpia història. És increïble! Encara no sabem si es dóna un procés semblant a escala social. Els canvis de què parlem tant —com, en el cas d'Espanya, haver passat de ser un país agrari a una societat de les avaries tecnològiques—, tenen alguna cosa a veure amb el passat o han estat una aposta de futur impol·luta? Quan llegim el diari, sospitem que continuen prevalent els paràmetres i els punts de vista del passat. Tot continua sent culpa de la dreta o dels anhels purs de l'esquerra. Els canvis que percebem són reals —hi ha més llibertat i més avaries—, però els visualitzem en funció de conviccions passades que segueixen impertèrrites.

L'abandó de les majories

Fins quan es permetrà que les grans majories s'incorporin a la vida adulta sense haver sentit mai a parlar d'altruisme i empatia? A quants dels meus lectors els agradaria conèixer en detall les cartes d'altres lectors que formen part de les grans majories? Molts d'ells exposen el seu desemparament davant d'un gran amor incomprès; d'altres, els dilemes terribles que provoca l'educació dels bebès i dels nens perquè ningú no s'ha ocupat de l'aprenentatge de les emocions amb què venim al món; molts altres necessiten que algú els il·lustri sobre les conseqüències de l'odi i del menyspreu, la gestió de la sorpresa, el control de la ràbia. En definitiva, tots volem saber el que ens passa per dins i no només el que els passa a uns pocs des de fora.

El millor exemple per demostrar les dificultats que té formar part de la gran majoria són els viatgers que de vegades es queden abandonats a la seva sort en algun aeroport per motius climatològics, per vagues o protestes. El seu gran pecat no és altre que comportar-se com la gran majoria dels ciutadans: tot el que volen és gaudir d'unes vacances després de mesos de treball dur. Però ni l'Estat, ni les empreses, ni les institucions socials no tenen previst cap remei per a les dificultats de la gran majoria.

A la gran majoria o se la deixa que se les arregli tota sola per sortir del pas o se la sotmet a exaccions constants que li produeixen desassossecs infinits: límits de velocitat canviants, nivells d'impostos injustificats, cues per obtenir plaça per als nens a la guarderia o a l'escola més adequada... El pitjor que li pot passar al ciutadà corrent, a les dones i els homes del carrer, és formar part de la immensa majoria a la qual no li passa res. Perquè s'ocupin de tu, estimat lector, te n'ha de passar alguna. Has de formar part d'una minoria, no de la majoria.

El col·lectiu de gais és un exemple de com un grup minoritari ha aconseguit reclamar l'atenció de l'Estat i dels mitjans.

Les minories són petites, però variades. Destaca l'embruixament que exerceixen sobre els mitjans de comunicació i, molt sovint, sobre els recursos de l'Estat, en comparació del que dedica a la immensa majoria. Val la pena al·ludir amb el seu nom a les diferents minories que han estat objecte d'atenció per part de les classes dirigents, en gran part gràcies al fet d'haver-se guanyat a pols el favor de l'opinió pública. Els defensors del reconeixement dels drets dels gais —un col·lectiu molt discriminat fins a un passat molt recent— constitueixen un exemple de grup minoritari que ha aconseguit cridar l'atenció de l'Estat i dels mitjans de comunicació.

Altres exemples de sectors minoritaris de què s'ocupen els estats i els mitjans d'informació? N'hi ha molts. Per exemple, la pressió social ha aconseguit que es tractin els problemes d'un sector minoritari en detriment de la majoria, en l'àmbit de les residències per a la tercera edat. On poden viure decentment i ser cuidats de manera adequada, després d'una vida abnegada, els pensionistes? Si són molt pobres, potser trobaran una residència per a ancians a preus i d'una qualitat raonables. Si són molt rics, la trobaran amb més facilitat encara. La immensa majoria —els que no són ni molt pobres ni molt rics—, en canvi, ho té molt més complicat.

No es pot comparar l'atenció que es presta a les injustícies comeses contra sectors minoritaris amb la que rep la indefensió generalitzada de les grans majories en la vida quotidiana.

Itinerari 4

Podem canviar el cervell i, per tant, el món

L'origen del cervell

El cervell no va sorgir de sobte, s'ha desenvolupat esforçadament al llarg de set-cents cinquanta milions d'anys. Només en tenen els que en necessiten. Els organismes unicel·lulars, que van viure com a cèl·lules úniques durant dos mil milions d'anys, van decidir formar una corporació perquè presenta grans avantatges. I així van acabar convivint, amb el temps, dues filosofies vitals diametralment oposades. La filosofia de les plantes, éssers vius com nosaltres, que tenen circulació, es reprodueixen i moren, però que no es mouen activament. I la filosofia del moviment, que requereix un sistema nerviós, com el dels animals.

Els animals han de desplaçar-se pel món exterior i, per tant, necessiten una imatge, ni que sigui molt primitiva, de cap a on es mouen en tot moment, perquè es podrien encaminar, per exemple, cap a la boca d'un animal famolenc. Moure's és perillosíssim si no es disposa d'una imatge interna del món exterior. El cervell es va desenvolupar perquè és necessari per detectar les conseqüències del moviment.

Si es busca la baula perduda de com va aparèixer el sistema nerviós, es troben uns animals anomenats tunicats que viuen al fons del mar: són com una mena d'ampolla, només prenen aigua, de la qual extreuen els nutrients necessaris gràcies a un simplíssim sistema digestiu. Aquest sistema tan mínim requereix només un cervell molt primitiu, que activa una senzilla bomba d'aigua. El més extraordinari és que quan es reprodueixen, els tunicats generen una llavor intel·ligent. Gairebé tots els vegetals generen milions de llavors, però moltes es moren o no germinen. En canvi, la llavor dels tunicats, que és mòbil com un capgròs, té la capacitat de rebre llum i sap on és a dalt i a baix, és a dir, té un sistema vestibular, tacte i la possibilitat d'entendre molt breument el món exterior. El tunicat es mou de forma activa, però només viu una hora, perquè en una hora se li exhaureix la «bateria», ja que no té aparell digestiu. Neix amb un rovell que menja a mesura que es va morint. I en el transcurs d'aquesta hora ha de buscar un lloc on fixar-se. Quan el troba, absorbeix el seu propi cervell perquè ja no el necessita.

Al llarg de l'evolució, algunes formes han adquirit l'aparell digestiu i han pogut continuar explorant l'univers. I aquestes formes som nosaltres, és a dir, els vertebrats, encara que hi hagi gent que, en establir-se i trobar una feina fixa, es comporti com els tunicats. Quan es fa necessari predir el futur i programar-lo, cal un òrgan més sofisticat: així es va desenvolupar el cap, la punta de llança dels animals que es mouen. Com que totes les novetats sempre vénen de cara —perquè ens movem cap endavant—, els ulls, les orelles i tots els aparells de percepció es concentren al davant. Hi ha coses que no veiem, com els senyals de televisió que ens traspassen, perquè només copsem el que ens interessa i ignorem el que no ens importa.

El sistema nerviós és un sistema tancat, perforat pels sentits. Ja he explicat com el cervell ha de fer-se una idea del que hi ha a fora partint de la base de la memòria genètica i del que capten els sentits. Amb aquestes variables genera un estat intern que existeix únicament en el nostre interior: el sistema nerviós barreja el vermell de la poma amb la rodonesa, el tacte, el sabor i l'olor de la poma. Quan dormim, somiem amb gran detall, amb música i colors, i distingim que aquestes experiències són de caràcter intern. La demostració precisa que el sistema és tancat és el fet que es pugui pensar una cosa, inventar-la i reproduir-la, encara que mai no hagi existit a fora.

Estem programats per ser únics

La nostra constitució genètica —les instruccions conductuals que portem en el nucli de cadascuna de les cèl·lules— s'encarrega que ens comportem d'una manera o d'una altra. Que siguem agressius o benèvols. Lúdics o indiferents. Ganduls o treballadors. Curiosos o indiferents. Empàtics o desconsiderats. Amb un matís, és clar: depenent de l'entorn que ens hagi tocat viure, els gens responsables, per exemple, de la depressió poden expressar-se o no fer-ho. Potencialment podem ser uns depressius que entristeixen la vida dels altres, encara que el nostre destí concret no sigui aquest gràcies al fet d'haver aterrat en un entorn amable, pacífic, benèvol i considerat. Durant quaranta anys es va alimentar un debat entre els que creien que tot depenia dels gens, els que creien que la meitat depenia de l'entorn i els convençuts que l'educació i l'entorn ho condicionaven tot.

Si estaves afligit per una malaltia mental, anaves a cal metge, ja fos psiquiatre o neuròleg, o bé al psicoanalista o al psicòleg. Si tenies el pressentiment que la conducta era el resultat de les lleis universals que regeixen els processos cerebrals, te n'anaves de cap a l'especialista del cervell. Si, al contrari, consideraves que la individualitat de cada persona està marcada per l'inconscient, llavors te n'anaves de dret al psicoanalista.

Ara ja entenem per què ens anava tan malament tant en un cas com en l'altre. Els neuròlegs capdavanters d'arreu del món —fonamentalment a Suïssa i els Estats Units— estan demostrant des de fa anys que necessiten els psicoanalistes i aquests els neuròlegs en la mateixa mesura per interpretar la realitat. L'espurna que va activar la convergència d'aquests dos rius del coneixement va ser el concepte de plasticitat cerebral: es va descobrir que tota experiència personal deixa una empremta inesborrable en l'estructura cerebral.

El cervell humà pot ser modificat estructuralment per les experiències i els estímuls externs, i també per les percepcions i els estats interns. Allà dins no hi ha res que canviï d'una vegada per sempre. Hem descobert, sorpresos, que es produeixen discontinuïtats, transformacions superficials en la sinapsi, i transformacions permanents i profundes en altres circuits. Estem programats, és veritat, però per ser únics. Del tot diferents del veí i dels altres. La plasticitat cerebral comporta un paradoxal equilibri en què tot queda inscrit, tot es conserva, però al mateix temps tot canvia i es transforma. Aquests moviments del cervell per anar donant forma i sentit a les experiències van configurant una realitat interna inconscient. Aquesta realitat dirigeix les nostres accions, intervé en les decisions que prenem i és el puntal de la nostra singularitat. Per això som únics.

Per explicar-ho, el neurobiòleg Pierre Magistretti afirma que algunes de les empremtes que ens ha deixat l'experiència al cervell es poden reassociar i crear així noves xarxes, noves empremtes que no tenen una relació directa amb l'experiència original. Això és el que afegeix un cert grau de llibertat a la nostra conducta. Si no fos així, seríem com robots: tot seria predeterminat, i no hi hauria cap possibilitat que sorgís la individualitat, el que ens fa únics, la singularitat.

Encara més. El concepte revolucionari de la plasticitat cerebral amb què s'ha saldat el vell enfrontament entre neuròlegs i psicoanalistes comporta un perill: algunes de les teràpies proposades arran de la plasticitat cerebral acabada de descobrir sonen gairebé a banalitats; no és creïble que n'hi hagi prou de descartar les qüestions que turmenten l'esperit i ocupar-se, sobretot, del que funciona. Deixar de banda els temes que turmenten l'esperit i centrar-se, en canvi, en la infinitud de coses que vénen de gust i poden resoldre's és una teràpia d'èxit.

Per a Magistretti hi ha un altre concepte fonamental: l'inconscient. «No hem de témer l'inconscient. Perquè l'inconscient som nosaltres mateixos. No és res extern! És el que som; de fet, és la nostra pròpia essència. Simplement ens resulta difícil arribar a conèixer-lo». Per explicar-ho millor, recorre a una metàfora aclaridora. «És com si visquéssim en una casa, una casa gran, i ens adonéssim que hi ha una altra persona que també hi viu. Com si anéssim al menjador i veiéssim que algú ha mogut els cendrers de lloc, o que el televisor està en una altra taula. Llavors ens adonaríem que hi ha algú més. Algú que viu aquí, però que no coneixem! Mitjançant el procés de psicoanàlisi, en algun moment arribem a trobar-nos amb aquesta persona, a conèixer-la una mica, tot i que les coses no canvien gaire perquè et continua fent jugades, però almenys saps qui és».

Imaginar i recordar, les dues cares d'una mateixa moneda

El professor de psicologia Daniel Schacter assegura que quan observem el cervell resulta difícil trobar un únic lloc en què s'allotgi un record concret, com el record d'una seqüència. Quan recordem, quan rememorem el passat, els bocinets d'informació tornen a unir-se des de les diferents parts del cervell, i això és el que dóna lloc als records.

Quan recordem, aquests trossets d'informació tornen a unir-se des d'aquestes diferents zones. Aquesta recomposició de fragments és el que dóna lloc al que experimentem com un record.

No és difícil que un mateix realitzi voluntàriament aquesta recomposició de peces. N'hi ha prou d'aclucar els ulls i intentar redissenyar el racó de les vacances preferides: el color vermell de la porta i la reixa de ferro són la primera cosa que se'ns apareix. Carrer amunt és fàcil veure la taverna a mà dreta i la filera de cases adossades a l'esquerra. A mesura que es puja el carrer, sorgeix, de sobte, l'aparador de la immobiliària ple d'anuncis blancs amb fotografies de cases per vendre i llogar (sempre em pregunto per què la gent s'atura, com faig jo mateix, a mirar aquests anuncis, encara que no vulgui llogar, vendre ni comprar res).

Aquesta seqüència confirma que el cervell confecciona els records amb retalls. L'edifici de la immobiliària no era en la memòria quan ha començat la faula del record fa a penes uns segons. Tot s'ha iniciat amb la porta vermella i la reixa de ferro. L'aparador de la immobiliària ha aparegut, tot d'una, enmig de la imatge, ja avançada la recomposició, com una peça solta del jeroglífic. Aparentment no era enlloc.

Aquí, en aquest mecanisme concret, se sustenta tota una vida. D'aquí parteix tot o gairebé tot. A partir d'aquesta peça solta reconstruïm el passat, i amb això hem dissenyat la bastida necessària per poder articular i esbossar el futur. Tant si mirem endavant com endarrere, som memòria del passat.

Hem descobert que imaginar el futur i recordar el passat són entramats molt semblants. La memòria seria vital no només per recordar el que va passar —això ho sabíem de sobres—, sinó també per anticipar el futur. Veure i imaginar són coses molt semblants. La memòria no és solament un registre fidel de les experiències viscudes. El cervell crea, completa i inventa per donar coherència al passat. Però el que ara s'està demostrant és que si la memòria ens falla i ens fa males passades, és per unificar millor el nostre jo present amb el del passat i el del futur.

Schacter em va explicar que havia fet un experiment senzill en què li demanava a algú que recordés, per exemple, una experiència que hagués tingut en el passat relacionada amb una taula, i que després s'imaginés una experiència que pogués tenir els pròxims dies o setmanes en què també aparegués una taula. En tots dos casos s'activaven regions cerebrals semblants i en la mateixa mesura. I les imatges que reflectien l'activitat cerebral eren similars.

És impressionant constatar, una vegada i una altra, que la separació suposada entre futur i passat, entre vida i no-vida, entre allò inert i el món viu és cada dia més borrosa. Són al·lucinants les conclusions que assenyalen l'activació simultània d'àrees cerebrals idèntiques per recordar i imaginar. Entre altres coses, caldria reconsiderar qui és més savi: el que s'oblida del passat i intenta inventar-se el futur o el que, manipulant com ningú els seus retalls de passat, aconsegueix reconstruir el futur?

Com gastem l'energia cerebral

Ara que coneixem la importància de la memòria, ens podem fixar en l'energia que consumeix el cervell. Si mesurem la quantitat d'energia, en aquest cas d'oxigen, que consumeix el cervell d'un individu quan intenta resoldre un ardu problema matemàtic, ens adonarem que a penes hi ha consum; ni el molesta; si de cas, el distreu d'altres ocupacions que no sabem quines són. Aleshores, en què consumeix el 20% de l'energia total disponible aquest òrgan misteriós que només representa el 2% del pes mitjà d'una persona?

En vista del que acabem de dir, és lògic que als meus amics neuròlegs sempre els repeteixi la següent pregunta: és veritat, com dieu alguns de vosaltres, que el cervell és l'òrgan més sofisticat, no sols del planeta, sinó de tot l'Univers? O, al contrari, m'he de creure aquells de vosaltres que us referiu al cervell com un òrgan extremadament imperfecte, fruit de l'evolució i la por? En què quedem? El cervell és fabulós o és mediocre?

És cert que hem entregat al cervell les claus de tots els ressorts corporals. En termes evolutius, s'ha passat d'una situació en què unes mandíbules, uns braços i unes còrpores portentoses recolzaven en un cervell diminut a un moment, com l'actual, en què un cos diminut, incloent-hi l'estómac i els sistemes defensius, no només recolza en un cervell de grans dimensions, sinó que es deixa dirigir per ell. Per alguna cosa deu ser.

Tot i així, subsisteixen dubtes enormes. Hi ha neuròlegs, com Marcus Raichle, que estan aprofundint, per primera vegada, en allò en què el cervell consumeix la copiosa energia que gasta. Les seves investigacions ens donen una resposta que altres científics qüestionen. Vegem-ho.

Segons Raichle, en moments en què no pensem en res, dues àrees en concret del cervell es dediquen a pensar per nosaltres, sense que ens n'adonem. Són l'hipocamp i l'escorça prefrontal. L'hipocamp gestiona els records personals, el passat. L'escorça prefrontal s'encarrega de decidir les nostres motivacions i fer plans per al futur. El diàleg entre tots dos és el que Marcus Raichle denomina «xarxa per defecte», i comporta un elevat consum d'energia. Es tracta d'una funció subjacent, que sempre es compleix, una activitat interna intrínseca més relacionada amb la vida mental interior que amb el món que ens envolta.

Així, el cervell serveix, sobretot, per alertar i imaginar el que ens pot passar. Ara bé, tornem a moure'ns en sorres extremadament movedisses. Un dels consensos mantinguts fins ara per la comunitat científica ha estat que som molt mals predictors del futur. Grans especialistes com Nassim Taleb, autor del best-seller *El cigne negre*, han demostrat com en som de mediocres quan es tracta d'imaginar el que passarà demà. La prova més innegable és l'actual crisi econòmica mundial.

Per fortuna, la revolució tecnològica iniciada al començament dels anys setanta permet contemplar el que passa al cervell en directe. Falta molt poc per saber el final de la pel·lícula. Raichle coincideix que els humans hem fet prediccions del futur que han sortit molt malament, i això fa mal, però ell prefereix destacar algunes activitats cerebrals quotidianes que fem de manera automàtica però que impliquen haver fet cas a una predicció. Un exemple és una conversa entre dues persones. El cervell només pensa en el context de la conversa, no en els detalls. I el mateix pot afirmar-se d'accions com ara aixecar-se, caminar, o comportaments d'altres menes que el cervell organitza basant-se en prediccions. Abans de dir que el cervell prediu malament hauríem d'adonar-nos de tots els detalls que controla sense cap problema.

Ara bé, el cervell està a les fosques i deu cansar-se fàcilment de descobrir-nos els detalls perquè no ens donem cops a la paret. No tenim més remei que constatar que el cervell consumeix el gros de la seva poderosa energia en altres quefers o escenaris com els d'elucubrar, imaginar, al·lucinar, somiar i inventar en comptes de perdre's en el que ens envolta.

Com funciona la memòria

Ara que ja sabem en què gasta l'energia el cervell, hem d'admetre que no ens podem refiar sempre de la memòria. Quan es tracta de recordar els grans trets d'una història, no hi ha problema; però de cap manera no ens en podem fiar quan pretenem aprofundir en el coneixement de les coses i mesurar amb precisió el que passa. La ment i, molt en particular, la memòria, no funcionen com un ordinador amb els seus arxius per a cada cosa.

Ja hem vist que no se sap on arxivem les experiències en la memòria. El psicòleg de la Universitat de Nova York Gary Marcus assegura que es troben en algun lloc de l'hipocamp i l'escorça prefrontal.

Com li dic jo, mig de broma, mig seriosament, a l'amic el nom del qual m'acaba de marxar del cap: «Ho sento, però tots els noms estan barrejats en aquest costat del cervell i de vegades baixa Jaume en comptes d'Ernest o no en baixa cap». Marcus diu que tots els nostres records estan amuntegats i el problema és que si vols triar-ne un en concret, no tens un lloc on anar per recordar el que hi ha.

Per això, alguns professionals molt seriosos de la psicologia i la neurologia s'estan qüestionant seriosament la validesa del que expliquen els testimonis als judicis. Si els jutges coneguessin els mecanismes de la memòria com els coneixen els neuròlegs, deixarien de cridar els testimonis perquè sabrien que no poden fiar-se de les seves declaracions.

El professor Daniel Schacter divideix els tipus d'oblit en tres categories. La primera és la que ell anomena «transitorietat» i té a veure amb un fet que tots coneixem, i és que els records tendeixen a debilitar-se amb el pas del temps. Són transitoris, efímers, s'esvaeixen amb el pas del temps, si no hi ha un reforç de les connexions creades mentre es formaven. Hi ha un segon tipus d'oblit que anomena «distractibilitat», que és quan oblidem, per exemple, on hem deixat les ulleres. Normalment, posem les ulleres a qualsevol lloc sense fixar-nos en el que fem i, si no prestem atenció al que fem, aquest moment no arriba mai a la memòria, i no el pot emmagatzemar. L'última classe d'oblit és la que ell denomina «bloqueig», i consisteix en la impossibilitat d'accedir a una informació que tenim emmagatzemada en la memòria, a la qual hem prestat atenció però que, en intentar recordar-la, no surt perquè s'ha obturat.

Els psicòlegs com Gary Marcus asseguren que els humans fem servir pistes o recordatoris per evitar aquests oblits. És el que qualifiquen de sistema d'arxiu de la memòria contextual. En altres paraules, és el context en què s'ha produït el fet viscut la clau del record que serveix de pista o recordatori.

A l'estiu del 2007, em trobava a Londres fent els últims retocs a *El viatge a l'amor*. Els terroristes islamistes, aliens a les meves reflexions amoroses, van cometre uns atemptats criminals al metro que van causar nombrosos morts. Estava tan absort analitzant la documentació disponible sobre el llibre que no tenia temps ni per posar la televisió o sortir a comprar el diari. Van haver de transcórrer unes quantes hores des de l'atemptat perquè jo m'assabentés de la tragèdia mitjançant les trucades d'amics i familiars des d'Espanya que s'interessaven —davant la meva sorpresa!— pel meu

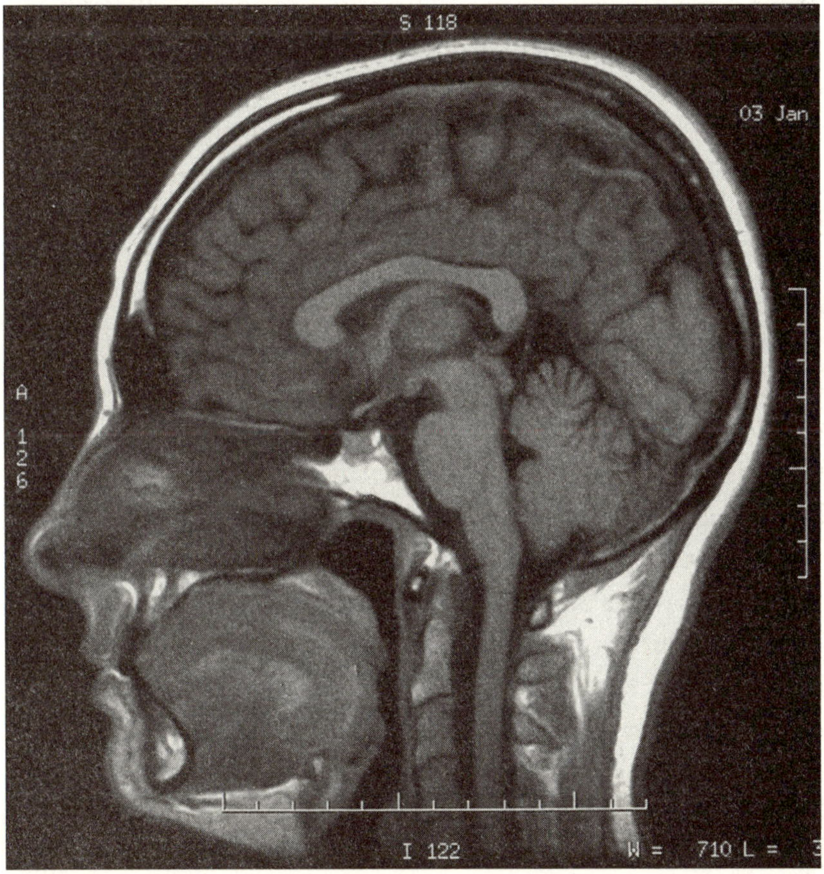

Els científics encara no han descobert en quina part del cervell s'emmagatzemen les experiències en la memòria.

estat de salut. «Estàs bé? T'ha passat res? No estaves a prop del metro?», em preguntaven.

Quan vaig posar la televisió, vaig poder contemplar la riuada humana que tornava a casa caminant sense utilitzar el famós metro de Londres. La meva memòria —contextual, per descomptat— no oblidaria mai aquelles imatges ni aquell record. L'alarma estampada als rostres de la gent del carrer i, al mateix temps, la convicció que n'emanava que els terroristes no aconseguirien canviar el rumb de la vida britànica. El context és el que compta i com més cridaner, millor.

Tant és així que ja hem après els trucs per no perdre, com a mitjana, una hora al dia buscant les claus o pensant on hem deixat el mòbil. Hem de recórrer a trucs com ara les minucioses llistetes dels comandants abans de fer enlairar l'avió, el de repetir sense parar els dies o els llocs —són veritables amagatalls per a la ment— on deixem els objectes que no volem oblidar: les claus, a la butxaca esquerra; el mòbil, a la dreta, o la gimnàstica, els dimecres al vespre.

El cervell no distingeix la causa del dolor

Causen un impacte més fort els sentiments abstractes que els físics i concrets com, per exemple, la set o la gana. Els dolors causats per motius socials —com un desamor— o els plaers de la mateixa naturalesa —com aprovar unes oposicions— activen els mateixos circuits cerebrals que els estímuls fisiològics, bàsics per sobreviure, com la pràctica del sexe.

Es confirma, doncs, la sospita que el cervell tracta amb la mateixa deferència o indiferència, segons es miri, experiències socials i abstractes com la falta de reconeixement social i conductes físiques tan concretes com saciar la gana o morir-se de set.

El que suggereix la ciència, ni més ni menys, és que el món dels sentiments i la història del pensament incideixen en el cor de la gent de la mateixa manera que una gana de llop o l'escalfament global. Llavors, per què ens ocupem menys dels primers que dels segons? I, si això és veritat —i ja no es pot negar que forma part del petit i modest patrimoni científic—, haurien de matisar-se moltes de les nostres conviccions o, si més no, modificar el que jo anomeno la nostra «estratègia de compromisos».

No és segur, per exemple, que la supervivència humana depengui en major grau del famós canvi climàtic que del reconeixement que cadascú de nosaltres rebem de la resta de la societat; de saber, en definitiva, si m'odien o m'estimen. És molt menys probable del que es creia fins ara que les necessitats fisiològiques tinguin un grau d'urgència més alt que els sentiments. El misteri no desvelat encara és per què el cervell tracta igual la necessitat afectiva que la física. Tothom entén que la falta d'aliments i d'aigua o les temperatures extremes causen dolor. Però per què el cervell utilitza el mateix sistema neurològic per abordar les privacions i recompenses físiques que les privacions i recompenses morals?

Un equip de científics liderat per H. Takahashi, de la Universitat de Califòrnia, proposa que hi hauria raons evolutives de supervivència de l'espècie que explicarien aquest comportament. Ja hem vist que, en els mamífers —i molt en particular en els humans—, la dependència dels nounats és molt elevada. El preu que es paga per gaudir d'una intel·ligència superior a la de la resta dels mamífers quan s'és adult consisteix a dedicar els set primers anys de la vida a l'aprenentatge i a formar la imaginació, en règim d'una mena de departament d'I+D, tot pagat, per descomptat, incloent-hi les despeses sanitàries.

Sense la dedicació d'una atenció específica, que només pot emanar de sentiments i afectes socials, cap nadó no podria sobreviure. En aquest sentit, els sentiments socials precedeixen la cobertura de les necessitats físiques i concretes, com alimentar, calmar la set o proporcionar la temperatura adequada. És molt discutible que sense aquests sentiments socials pogués donar-se després la compensació física necessària per sobreviure. El cervell l'encerta quan dóna als primers la mateixa prioritat que a la segona. Aquesta vegada, l'evolució ha optat per l'alternativa adequada. Ara, només fa falta que tots nosaltres ens comportem de la mateixa manera.

Com ens afecta una depressió

Comencem a conèixer les arrels de la depressió i comencem a reconèixer la crua realitat: és una malaltia. Sembla que la seva manifestació depèn, entre un 30 i un 40%, de condicionants genètics. El 60% restant es deuria a l'entorn. Per descomptat, hi ha problemes i circumstàncies urgents que generen depressió, com els abusos sexuals en la infància, l'abandó o determinades conjuntures familiars difícils. En altres ocasions, l'entorn que propicia la depressió en la maduresa de les persones pot ser mecànic, per exemple a causa de disfuncions prenatals del fetus a l'úter matern.

Ens enfrontem amb un puzle compost de moltes peces, totes elles determinants per al nostre desenvolupament i equilibri. Sempre hi ha hagut indicis que les hormones actuen d'una manera peculiar en les persones que pateixen depressió. També s'ha descobert la importància dels neurotransmissors, com la serotonina, la norepinefrina o la dopamina, termes que s'han incorporat al vocabulari científic al costat d'altres com Prozac o Celexa, possibles remeis que atenuen aquests desajustaments moleculars al cervell, causants de diversos trastorns psicològics. I si donem un cop d'ull als nous estudis sobre la genètica de la depressió, descobrirem que hi ha grups de persones privilegiades el cervell de les quals maneja la serotonina de forma insòlita. I que resulta improbable que aquestes persones arribin a patir una depressió.

Fa poc temps, els científics han començat a observar que la depressió produeix canvis anatòmics al cervell. S'ha detectat, per exemple, que pot reduir el volum de la part del cervell que anomenem hipocamp fins a un 10%. Hi ha investigacions que demostren que el de certes dones deprimides s'encongeix proporcionalment al nombre de dies que han estat privades de tractament mèdic. Ara sabem, a més, que als seixanta, als setanta i als vuitanta anys es fabriquen noves neurones en aquesta zona cerebral. Aquest fenomen també s'observa arran d'alguns dels tractaments que s'apliquen contra la depressió —el Prozac, l'electroxoc i el liti—, que tenen aquest mateix denominador comú: estimulen la producció de noves neurones o de connexions neuronals a l'hipocamp. Malgrat que l'eficàcia d'aquests tractaments és variable, alguns investigadors creuen que són del tot necessaris perquè estimulen el creixement de les connexions a l'hipocamp.

Sabem més detalls sobre la depressió: no incideix només en els òrgans cerebrals, sinó també en els ossos, la sang i també en el sistema vascular. Fins i tot si decidíssim no catalogar els problemes mentals com a malalties, hauríem de continuar considerant la depressió un trastorn físic pels seus efectes en el cor i els vasos sanguinis. Si una persona té un atac al cor i està deprimida després de l'infart, tindrà el major factor de risc individual de cara a patir un nou atac. Les persones depressives tenen entre dues i sis vegades més probabilitats de patir una cardiopatia que la gent que no ho és. Les dones deprimides tenen menys calci als ossos, les seves glàndules hormonals pateixen anomalies, l'estat de les plaquetes a la sang difereix del de les persones sanes... Es tracta d'una malaltia invasora, com la diabetis, que afecta tots els òrgans del cos.

Les infinites versions de la realitat

Hi ha coses que donem per descomptades, com que tothom veu la realitat igual que nosaltres. Tots contemplem l'esplendor rogenca d'una posta de sol sense ser conscients que el color vermellós no és el mateix per a tots. Tots sentim un so determinat, sense adonarnos que hi ha gent que veu, al mateix temps, un color vinculat al so. Tots veiem l'Univers, però no tots percebem la visió estereoscòpica, és a dir, la dimensió en profunditat. Admetem amb més facilitat que no tots experimentem el mateix quan acariciem un cos estimat.

Partim d'una cosa incerta: una percepció que té un suport material —com unes ones magnètiques que transmeten un so si es tracta d'un xiscle—. Però aquest suport material està molt allunyat de la paraula o sensació que el cervell fabrica. Els objectes representats per les nostres paraules o sensacions són molt diferents del suport material que els sustenta. Partim d'una hipòtesi que la ment formula i que pot coincidir o no amb la realitat.

I ja no diguem quan es tracta de percebre alguna cosa o algú gràcies a una informació que pot ser més o menys fundada. Penso, per exemple, a vaticinar si els EUA continuaran sent la primera potència mundial durant tot aquest segle o si, al contrari, Rússia, la Xina, Mèxic o Polònia els deixaran enrere. O, tal com em va dir, amb les celles arrufades, un veí de seient al TGV en el trajecte Madrid-Barcelona: «Si no defensés les meves conviccions, seria un covard». Davant la qual cosa jo vaig respondre: «Potser la teva percepció de *covard* pot no coincidir amb la realitat, de la mateixa manera que la paraula *gat* no té, necessàriament, ni el color ni la forma de l'animal que representa».

El meu veí m'intentava convèncer que s'enfrontaria amb qui fes falta per defensar les seves conviccions ultratjades per algú, i sostenia que estava disposat a tot. Jo mirava de transmetre-li, sense èxit, el que havia après feia més d'una dècada al despatx d'un dels neuropsicòlegs més rellevants del món, Richard Gregory, a la ciutat de Bristol, Gran Bretanya. Estem convençuts que la percepció que tenim del món exterior és la correcta. Creiem a ulls clucs el que veiem. La veritat és que no hi ha res més dubtós.

Som conscients que s'ha provat científicament que no tothom veu el mateix color vermellós en una posta de sol? No només el vermellós: senzillament, no tots veiem igual els diversos colors, que, a més, no existeixen a l'Univers per molt que els pesi als artistes; els colors els fabriquem nosaltres.

Per representar la realitat, ens servim de paraules o de sensacions. És indubtable que les paraules, com suggeria abans, no tenen ni la forma ni el color del que representen: quan diem *sabata*, o *forquilla*, recorrem a un mot que no s'assembla de res a l'objecte que representa. La paraula en qüestió no té ni la forma ni el color d'una sabata o una forquilla i, amb tot, representa aquests objectes. Passa el mateix, o pot passar, amb les sensacions.

És possible que la percepció que tenim de l'Univers no sigui una il·lusió, però el que suggerim és que la ciència no és tan objectiva com sembla i com de vegades se li atribueix.

Jo, per exemple, m'he trobat amb persones que, després d'haver vist un programa fet per mi i el meu equip de joves científics per a la televisió, descobrien per primera vegada que eren sinestèsics, és a dir, que podien sentir colors o veure sons. No sols associaven un color amb una música o un número: els veien. D'altres, simplement, atribuïen a cada número un color; el set era el vermell. Som conscients que moltes persones no s'han assabentat ni que els està negada la visió estereoscòpica del món? En comptes de veure en profunditat el que els envolta, el seu món és pla; gràcies a certs indicis, poden informar-se i anar per la vida intuint que hi ha espais que no veuen, molt més bells, sofisticats i atractius.

Si la hipòtesi que proposa la nostra ment coincideix amb la realitat ho sabrem recorrent a les dades emmagatzemades en la memòria i a la capacitat que tenim d'aprendre en el futur. Amb aquestes dues claus construirem la nostra visió de la realitat.

El talent es pot inventar

La ciència, a mesura que es va fent un lloc en la cultura popular, ofereix respostes a les dones i els homes del carrer, que abans havien de buscar en els constructors del pensament dogmàtic o en els bruixots. La recerca del talent i la creativitat n'és un bon exemple.

Heu sentit a parlar de la capacitat metafòrica? És el primer requisit del talent; se suposa que l'espècie humana la va desenvolupar fa uns cinquanta mil anys. El primer dia que un dels homínids caçadors recol·lectors va exclamar «El meu fill és més fort que el ferro!» va activar un do insospitat de barrejar dominis cerebrals diferents com el biològic —el fill— amb el domini, fins llavors separat, dels materials —en aquest cas, el ferro.

Cinquanta mil anys després, els catedràtics utilitzen una paraula per al mateix do: multidisciplinarietat. Sense l'exercici del poder metafòric o multidisciplinari no hi ha talent que valgui.

Per abordar el segon requisit imprescindible del talent cal saber que al cervell hi ha uns circuits en els quals s'activen els anomenats inhibidors latents. Les persones a les quals els funcionen de forma adequada poden llegir una novel·la en un tren ple de gom a gom. S'inhibeixen del soroll del món i poden concentrar-se en la lectura de la novel·la. Ja sabem que es pot dir el mateix dels enamorats. En aquest cas, els seus inhibidors latents els funcionen massa bé, fins al punt que s'abstreuen de tota la resta i només poden concentrar-se en els atributs de l'estimada o l'estimat. Serveix de poc alertar-los de perills reals sobre la conducta de l'ésser estimat. Només li veuen les virtuts i s'inhibeixen de la resta.

Sense inhibidors latents com aquests, és a dir, els que permeten assimilar informació o coneixements procedents de llocs dispars, com saben fer els artistes, no hi ha talent que valgui.

Durant molt de temps es va creure que el talent era el fruit d'una reflexió. No s'havien analitzat mai científicament els mecanismes intuïtius. La intuïció ni tan sols es considerava coneixement. No et podies fiar de la intuïció. Més tard, l'anàlisi científica va demostrar que gran part de la història de l'evolució ha avançat a còpia d'intuïció. Quan no hi havia temps per ponderar diferents factors, es prenien decisions amb la intuïció; i la veritat és que, a poc a poc, es va poder constatar que el marge d'error en els processos automatitzats no era més gran, sinó ben al contrari, que el dels processos discriminatoris, quan hi havia temps per pensar.

Els últims anys, la ciència ha anat més lluny i ha arribat a la conclusió que, en determinats casos, és molt més segura la intuïció que la raó. Quan? Quan no es disposa de tota la informació necessària. Moltes vegades, menys informació és millor que molta informació. Un exemple: quina població té més habitants, Toledo o Guadalajara? Si la pregunta es fa a espanyols, que sobre aquest detall tenen força informació, l'opinió estarà molt dividida. Si la mateixa pregunta es fa a ciutadans francesos, que han sentit a parlar de Toledo alguna vegada estudiant història, però poc més, el percentatge d'encerts en les respostes serà, amb tota probabilitat, més elevat: Toledo.

El talent depèn, per acabar, del coeficient intel·lectual. De com siguem de llestos. És el que s'havia cregut sempre. Doncs és fals. Resulta que el millor jugador d'hoquei sobre patins ho és perquè s'ha dedicat a entrenar-se una mitjana de deu mil hores. El mateix que el primer jugador de bàsquet del món. El mateix que Bill Gates a la programació d'ordinadors. Sense dedicació i esforç no hi ha talent que valgui.

Realitat o ciència-ficció?

Són molts els lectors que van veure a la televisió l'experiment a què em va sotmetre el neuròleg Álvaro Pascual-Leone a la Universitat de Harvard i que en voldrien saber més. Us ho explicaré.

Pascual-Leone em volia ensenyar el principi fonamental de la possibilitat de modificar l'activitat de les neurones, i una de les tècniques per fer-ho, em va explicar, és l'anomenada estimulació magnètica transcranial, que va ser la que va utilitzar amb mi.

Abans de començar l'experiment li vaig preguntar, entre rialles, si el que faria amb mi em transformaria en un salvatge, ja que havia sentit que es feien experiments d'aquesta mena per domesticar animals. En el meu cas, doncs, potser passaria de domesticat a salvatge.

Em va explicar que m'estimularia l'hemisferi esquerre perquè veiés com se'm movia la mà dreta sense que jo donés aquesta ordre. Em va avisar que sentiria un «clic» quan el corrent passés per una bobina i que notaria un copet al cap, tot i que al cervell no sentiria res.

En efecte, l'experiment va funcionar perquè el meu braç es va moure sense que jo l'hi ordenés. «Incomprensible! Perfecte! Perfecte!», cridava jo d'alegria en veure-ho. Mitjançant corrents transmesos al lòbul cerebral esquerre a partir d'un camp magnètic, el meu braç dret s'havia posat en moviment sense que ningú —per descomptat jo no!— li hagués donat instruccions.

Aquest experiment em va causar una gran sensació i em va portar a demanar-me a quines altres coses de caràcter més pràctic podria aplicar-se aquesta tècnica.

Actualment, ja s'ha constatat que aquestes tècniques d'activació poden estimular zones motores d'individus amb un infart cerebral, que per exemple no poden moure la mà, o zones frontals del cervell per modificar la capacitat de la gent de prendre decisions o per aconseguir que les decisions siguin més altruistes, més generoses; també es poden utilitzar perquè malalts que tenen trastorns de la personalitat, amb personalitats sociopàtiques, comencin a mostrar més empatia davant de determinades situacions. Si es tracta de combatre addiccions a la nicotina, a la cocaïna o al menjar, es poden modificar els circuits de recompensa perquè es redueixi l'activitat excessiva que es manifesta en aquests circuits al cervell dels addictes. Però abans cal haver identificat el circuit. La font original de tot això és aquest concepte tan important que repeteixo: la plasticitat cerebral, la característica que hem analitzat i que ens permet començar a albirar per on pot anar el futur del cervell.

Podem imaginar situacions que freguen gairebé la ciència-ficció que, tot i això, entren dins el camp científic. Podríem intentar modificar les decisions morals. És obvi que una situació és moral, o no, depenent de la intencionalitat del subjecte. Podria passar que un metge subministrés un medicament a un pacient i que aquest es morís per culpa d'una al·lèrgia insospitada. El metge no era conscient del perill. Però podria passar el contrari: que administrés un fàrmac enverinat per matar el pacient. Si es pregunta a qualsevol persona quina situació és pitjor, contestarà sense dubtar-ho: «La segona...! Perquè hi havia intenció de matar el pacient; no va ser una mort accidental». Els experimentadors podrien aconseguir que la gent ja no tingués aquest sentiment innat. Es podria aconseguir que els adults es comportessin com els nens: els nens només es fixarien en si el pacient ha mort o no, al marge de les intencions del metge. I és que els nens no consideren la intencionalitat fins molt més tard, cap als set o vuit anys, quan, gràcies a ella, es desenvolupa la capacitat de sentir empatia envers els altres.

Andrés Lozano, neurocirurgià i investigador al Western Hospital de Toronto (Canadà), també em va explicar que fa experiments fascinants amb el cervell per intentar frenar la progressió del Parkinson o millorar la depressió. Lozano utilitza la tècnica d'estimulació cerebral profunda, que consisteix a estimular el cervell mitjançant elèctrodes que creen corrent elèctric. Per aconseguir-ho, Lozano explica que «cal penetrar en les profunditats del cervell per col·locar els elèctrodes i poder modificar l'activitat dels circuits del cervell. I podem fer dues coses: o bé augmentar l'activitat d'un circuit el funcionament del qual és insuficient, o bé utilitzar l'electricitat per mitigar un circuit que funciona massa o que no va bé». Per aconseguir-ho, «fem un foradet al crani, anestesiem la pell, trepanem, i després col·loquem i implantem un elèctrode les dimensions del qual són les d'un espagueti. Podem col·locar el cable a qualsevol lloc del cervell. Cap neurona no està fora de perill amb un neurocirurgià. Es poden col·locar elèctrodes als circuits que controlen el moviment, la visió, els pensaments o la memòria». Lozano només tracta pacients que hagin esgotat totes les altres possibilitats, com en el cas de malalts de Parkinson als quals ja no els funciona la medicació o de malalties com la depressió, que es poden abordar introduint elèctrodes als circuits cerebrals que controlen l'estat d'ànim. Segons aquest neurocirurgià, l'àrea del cervell que és responsable de la tristesa es troba al centre i se la coneix com a àrea cingulada subgenual. Lozano explica que «hem descobert que si col·loquem elèctrodes en aquesta zona es pot reduir l'activitat, es pot desactivar, i això condueix a beneficis per al pacient. Observem canvis no només en aquesta zona, l'activitat de la qual es mitiga, sinó en altres regions del cervell que abans funcionaven malament, com els lòbuls frontals, que tornen a activar-se, tornen a funcionar».

Els últims avenços científics

Hi ha molta gent que voldria saber en quins camps es produiran esdeveniments insospitats. On es produiran millores incontestables que canviaran dramàticament la vida de la gent? Deixem de banda, primer, les suposades millores en camps on els avenços a penes seran perceptibles. La política —en contra de l'opinió de molts— no canviarà la vida de la gent. Es tracta d'estaments oxidats, en què les barreres d'entrada són infranquejables i és impossible, per tant, generar mecanismes d'innovació.

Les noves pràctiques en la biotecnologia i la genètica aplicades a la gent del carrer tampoc no s'introduiran al ritme esperat. Aquí, les dificultats en la comunicació entre els sectors científic i industrial són responsables que l'abisme entre la innovació científica i la seva aplicació concreta es mantingui durant desenes d'anys. Caldrà seguir esperant.

També voldrà més temps de l'esperat la creació d'un món paral·lel construït àtom a àtom, de baix a dalt, com pretén la disciplina de la nanotecnologia. Els especialistes han aconseguit avançar en alguns camps, com la imitació de models de la natura, particularment del món bacterià, però el gran salt endavant està condicionat per la nostra capacitat, encara no provada, d'activar processos d'autoacoblament similars als processos moleculars responsables de l'origen de la vida.

Tot apunta, doncs, que els canvis insospitats i realment revolucionaris es donaran en l'activació dels mecanismes cerebrals. Durant un llarg període de l'evolució, les espècies semblaven progressar d'acord amb un mecanisme de perfeccionament electromecànic. Els rèptils i després els mamífers, i entre aquests últims els primats i els homínids, semblaven funcionar cada vegada millor, com un aparell o un robot en perfeccionament constant. Però a partir d'un moment determinat vam deixar de prefigurar un sistema de perfeccionament semblant a una màquina. Literalment, hem entregat les claus del futur al cervell.

De sobte canvien els camins, les estratègies, els ritmes de creixement. L'aprofundiment gradual en els trilions de sinapsis entre les neurones posa de manifest uns equilibris i unes descompensacions que afecten la percepció que tenim del món, les xarxes sensorials i els mecanismes emocionals. Resulta que la tecnologia necessària per mesurar aquests processos ja està pràcticament disponible i que cada pas endavant ens deixa sorpresos i sense parla.

Per primera vegada en la història de l'evolució comencem a saber el que de debò ens passa per dins. Això ens permet formular grans postulats —com que la nostra percepció del món és el resultat d'una configuració cerebral— i entendre per primera vegada fenòmens específics i concrets com la síndrome de Guillain-Barré, un desordre autoimmune —el sistema immunològic s'ataca a si mateix— que destrueix qualsevol referència del tacte en els afectats.

Ara comencem a conèixer els mecanismes de les percepcions sensorials; resulta fascinant constatar que a nivells superiors del cervell els senyals auditius, acústics, tàctils o olfactius i gustatius arriben al cervell en una empremta digital idèntica. No hi ha diferències aparents entre elles. Diverses investigacions en curs arreu del món intenten, a partir de l'observació de l'activació de determinats circuits cerebrals, deduir els continguts del vídeo que mira el pacient. I estan molt a prop d'aconseguir-ho. Quan podrem llegir la ment dels altres? Richard Haier, un prestigiós neurocientífic de la Universitat de Nou Mèxic, va explicar que hi ha diverses investigacions en curs que intenten analitzar imatges del cervell per veure com canvien mentre algú mira un vídeo, per exemple, per analitzar després si només amb les imatges del cervell es pot descobrir què és el que veu la persona. Seria com llegir la ment. La possibilitat de fer-ho ja hi és, el que no sabem és quant de temps es tardarà a aconseguir-ho.

Itinerari 5

El que ens passa per dins

L'impacte de l'ànima sobre el cos

Qui té la culpa del que ens passa per dins? La sort o la mala sort? El sistema nerviós, que ens permet imaginar-nos feliços o desgraciats?

La resposta no és senzilla perquè els éssers humans, les seves societats i les relacions amb l'entorn són alguns dels sistemes més complexos que coneixem. Amb la genètica no n'hi ha prou per explicar el comportament humà. Els gens hi són, però no propicien actuacions: defineixen les potencialitats. El comportament real depèn de les condicions externes, ambientals i socials. Però, sobretot, la ment també pot influir en el cos.

Per què no podem dormir si estem nerviosos? Per què ens ve mal de cap si mantenim una forta discussió? Per què una pel·lícula ens fa plorar? Quan el cervell actua, el cos se'n beneficia o en surt malparat. El cervell actua d'acord amb el pensament, la memòria, les emocions i la imaginació, i, quan pensem en alguna cosa funesta, funcionem malament: proporcionem al cos substàncies per a un desgast innecessari.

Hi ha persones que es destrueixen activant els mecanismes de l'estrès: les preocupacions imaginades acaben convertint-se en un problema seriós. Hi ha estudis que confirmen que determinades parts del cervell queden devastades per pensaments i preocupacions que no tenen res de reals. L'estrès pot matar neurones de l'hipocamp, una part del cervell que és decisiva per a l'aprenentatge i la memòria. Aquesta regió és la zona que apareix danyada en els malalts d'Alzheimer. I aquesta zona és la que es veu més afectada per les hormones de l'estrès.

Sembla que les persones amb una depressió clínica greu, que s'ha prolongat durant molts anys, tenen nivells molt elevats d'hormones de l'estrès —hidrocortisona— i presenten una disminució de l'hipocamp, amb els problemes de memòria que això comporta. Com més dura la depressió, més gran és la disminució. I aquest fet comença a indicar que l'estrès no sols té relació amb el funcionament del cos, sinó que podria ser el motiu pel qual uns cervells envelleixen més de pressa que d'altres.

Però hi ha més. En la conducta influeixen no sols el nostre cos i el cervell, sinó que també hi són rellevants el lloc on vivim i en quin ambient creixem. Una combinació genètica que predisposés a desenvolupar un comportament agressiu es manifestaria infal·liblement en un entorn mafiós i violent. En canvi, podria no expressar-se mai en un ambient transparent i solidari. Ho hem comprovat amb experiments concrets efectuats amb humans i altres animals.

Els éssers humans, en fi, som un trencaclosques complex en què el significat del sistema global no es pot deduir de cadascun dels components, per molt bé que els coneguem. És relativament fàcil saber quines són les peces. És més difícil fer-les encaixar. És molt difícil saber com es comportarà la màquina perquè l'ésser humà no és una màquina... encara.

El poder d'un insult

S'ha demostrat científicament que són necessaris cinc compliments seguits per esborrar les empremtes nocives d'un insult. D'aquesta manera, els que tenen la mania de contradir sempre qui tenen al davant moltes vegades no tenen prou temps per pal·liar l'efecte negatiu del seu esperit de contradicció.

Com podem aplicar en la vida quotidiana els resultats d'aquesta troballa experimental? És evident que els experiments duts a terme sobre els mèrits relatius del compliment poden ajudar a millorar la vida en comú de la parella. O, simplement, a treure les conclusions pertinents que posin fi a l'ansietat generada en el context d'aquesta convivència.

La primera conclusió que es desprèn dels experiments sobre els efectes de la contrarietat provocada pel discurs agressiu s'aplica a la parella i a totes les altres situacions que es puguin preveure, com la vida en societat o la política. Abans de dir-li a algú: «T'equivoques de mig a mig, com sempre», caldria pensar-s'ho dues vegades.

L'efecte de les paraules poc amistoses és més pervers que la mateixa successió de fets. L'impacte del llenguatge és sorprenentment durador. És molt fàcil constatar amb els nens de tres o quatre anys els efectes indelebles d'agafar una paraula per escrit, d'entendre'n el significat plasmat mitjançant lletres. Una actitud malvada la poden imaginar amb un dibuix senzill —d'un ximpanzé empenyent-ne un altre al riu o d'una persona posant una pell de plàtan a la rajola que està a punt de trepitjar un ancià—, però quan un nen aprèn a escriure *malvat* aquesta paraula li quedarà gravada per sempre. El poder de la paraula escrita en els humans supera tot el que és imaginable. No em pregunteu per què.

Potser la paraula escrita comporta una dosi de compromís que mai no ha tingut la paraula dita, encara que ho pretengui: «Te'n dono la paraula», es diu. Els acords contractuals són de fiar quan s'expliciten mitjançant un text escrit i és recorrent a la seva durabilitat que se'n pot exigir el compliment.

Dir el que pensem

Ara que científics com el psicòleg Richard Wiseman s'endinsen en aquest camp, s'ha descobert el que li passa a la gent per dins quan es comporta d'una manera determinada. Més d'un lector es preguntarà: «És possible que durant milers d'anys ens hàgim prodigat menys en compliments que en acusacions, sense saber que així destruíem la convivència d'una parella o d'una societat?». Ara resulta que, després d'anys investigant les causes de la ruptura d'una parella, es posa de manifest que el percentatge de les que es dissolen és molt més alt quan un dels membres és extremadament gasiu pel que fa als compliments i li costa horrors admetre: «Quina raó que tens, amor meu!». A més, segons Wiseman, hi ha una gran bretxa entre el que els homes creuen que els agrada a les dones i el que a elles els agrada de debò i viceversa, perquè no ho expressen. Els homes es pensen que les dones volen un paio generós, amable, atent, però, de fet, les dones diuen el contrari: volen algú que sigui valent. I passa exactament el mateix amb els gestos romàntics: alguns dels experiments de Wiseman demostren que els homes es pensen que com més es gastin en un regal per a una dona, ella més el valorarà, i això no és així en absolut. És la intenció el que compta per a les dones, no el preu del regal.

Que consti que els mateixos experiments estan fent aflorar una sospita centenària. No serveix de res mentir i buscar maneres sibillines de fer creure a l'altre que compartim el seu criteri, si estem a anys llum de fer-ho. Quan els consultors de parelles problemàtiques aconsellen més pudor, fórmules maquilladores que disfressin la situació real o sobreentesos subliminars, no aconsegueixen enganyar ningú.

Com que això és així, resulta inevitable preguntar-se pels efectes socials del fet que la meitat de la població sempre atribueixi a la resta raons infundades, astutes, perverses, interessades per explicar el seu comportament. És molt difícil no arribar a la conclusió que aquestes paraules tenen un gran impacte en la ment col·lectiva i acaben dividint la societat en dos bàndols irreconciliables.

No podem separar la vida de la mort

«Què!, véns o et quedes?». La frase pertany a un pacient de càncer. Des de feia tres anys, aquest home preferia continuar vivint a casa seva, a Andalusia, i desplaçar-se cada tres setmanes, quan li tocava la sessió de quimioteràpia, una mica més amunt en la geografia espanyola per sotmetre's al martiri que només coneixen els que l'han viscut. La part menys greu és quedar-se sense cabells, sense ganes de res i, de vegades, sense part de la memòria.

«Què!, véns o et quedes?», li preguntava amb sorna al seu okupa inseparable, el càncer de pulmó. I aquest, per descomptat, acabava acompanyant-lo sempre. S'havien convertit en inseparables. En el que, realment, ja eren abans de ser-ne conscients: la germandat fratricida i alhora plena d'esplendor entre la vida i la mort. Cara i creu d'una mateixa moneda. Quan l'una puja l'altra baixa, però sempre l'una al costat de l'altra. No és correcte separar vida i mort de la manera contundent com ho fem quan ens creiem més desperts que adormits.

He descobert, a partir de l'experiència anterior, que els pacients més savis procuren oblidar-se del galimaties, farcit de pors, fabricat per la mateixa comunitat científica, escaldats per l'experiència de veure com el càncer i la seva companya, la mort, espantaven els bons esperits i fins i tot la bona sort. «En la mesura que sigui possible, procura no revelar l'existència del càncer», et diuen per garantir la teva pròpia seguretat. El pare d'una infermera d'oncologia afectat per la malaltia em va oferir un altre testimoni, en canvi, de pacient savi: «He estat molt feliç amb vosaltres durant tota la meva vida. I me'n vaig molt feliç». Els va deixar atònits i bocabadats. De nou, el que aquesta professional em suggeria és que tendim a separar l'inseparable. I que a la base de qualsevol procés hi ha l'eliminació gradual de la por com l'única manera de ser feliç i, per tant, creatiu i solidari amb els altres.

Ments masculines *versus* ments femenines

El cervell té sexe. Sembla que és el que apunten les últimes dades científiques. I si el cervell és diferent, resultarà cada vegada més difícil negar les diferències entre dones i homes. Suggereixo als lectors que, abans d'aprofundir conjuntament en aquest tema, recordem una dada fonamental: no es pot analitzar el cervell dels sis mil milions d'habitants del planeta, o sigui que hem de treballar amb dades experimentals i mitjanes. No podem dir res sobre els casos individuals, perquè una persona concreta pot ser típica o atípica per al seu sexe. Tal com li agradava postil·lar al mateix Karl Marx: «El que és veritat d'una classe, pot no ser-ho d'un individu».

La teoria clàssica sobre la diferenciació entre el cervell masculí i el femení consistia en la diferència en el llenguatge —millor en la mitjana de dones— i en l'habilitat espacial —millor en els homes—. Però hi ha investigacions que fan una passa més enllà i troben un component biològic, fins i tot genètic, que fa que el cervell tingui un sexe específic.

Una paraula clau aquí és l'empatia, la capacitat de reconèixer les emocions i els pensaments d'una altra persona, però també de respondre emocionalment als pensaments i els sentiments d'aquesta persona. Tots dos sexes són capaços de sentir empatia.

Però quan es fan proves, hi ha indicis que les dones tenen un interès i un impuls més gran cap a l'empatia. La neuropsiquiatra Louann Brizendine, de la Universitat de Stanford, assegura que «la zona de la unió temporoparietal, una regió associada amb l'empatia cognitiva i el processament de la part cognitiva de les emocions, està més activa en les dones», com també «l'altre sistema de processament d'emocions del cervell: el sistema de les neurones mirall. Aquesta zona és present tant al cervell masculí com al femení, però el cervell de les dones té més neurones mirall i inclou un sistema més actiu del que es denomina empatia emocional. És el sistema que s'activa si miro una persona i aquesta persona sent una emoció». Els homes, en canvi, segons aquesta neuropsiquiatra, «tendeixen a recórrer al sistema de neurones mirall breument, i després passen al sistema de les unions temporoparietals (TPJ, segons la sigla en anglès), que és el sistema de l'empatia cognitiva, la que busca una solució».

Una altra diferència psicològica consisteix en la sistematització, l'impuls d'analitzar un sistema: mecànic com un ordinador; natural com el clima; abstracte com les matemàtiques o la música, o, fins i tot, un sistema que es pugui col·leccionar, com una biblioteca o una col·lecció filatèlica. Un sistema té normes, i es pot copsar mitjançant la comprensió d'aquestes lleis. Sembla que als homes els interessen més els sistemes i el seu funcionament, com quan obren el capó del cotxe per entendre les diferents peces del motor i com es relacionen entre si.

L'empatia implica pensar en les emocions i respondre a les emocions dels altres. Les persones són sistemes, però sistemes molt més complexos i menys predicibles que els objectes inanimats. No sortim gaire ben parats en aquesta mitjana, els homes.

El consens científic al voltant de la diferència entre dones i homes s'inclina per una interacció entre la cultura i la biologia. Seria absurd negar l'impacte cultural, però tampoc ha d'oblidar el component innat. De fet, els científics han trobat proves que les diferències són presents des del naixement del bebè. Vint-i-quatre hores després del part —quan no hi ha hagut temps perquè la cultura actuï—, ja s'han trobat respostes diferents davant de certs estímuls. Si se'ls col·locava al camp de visió una cara humana i un mòbil mecànic, la majoria dels nens mascles optava per fixar l'atenció en el mòbil, mentre que les nenes s'inclinaven a mirar la cara.

Aquestes diferències fins i tot poden detectar-se en el període anterior al naixement. Analitzant la quantitat de testosterona, l'hormona masculina per excel·lència, en el líquid amniòtic del fetus, els científics han vist que els fetus amb nivells particularment alts d'aquesta hormona donen lloc a nens que, un any i mig després de néixer, tenen menys habilitats socials. En canvi, els que en tenen nivells baixos desenvolupen millor el llenguatge i la comunicació i afavoreixen l'empatia, una característica més femenina. La nostra biologia no només ens atorga un físic diferent, sinó també un cervell diferent.

Més diferències entre dones i homes

Els científics saben que la forma biològica per defecte en la natura és la femenina. Des de la concepció fins a les vuit setmanes de vida fetal, tots tenim circuits cerebrals de tipus femení. Després, els diminuts testicles del fetus masculí comencen a alliberar enormes quantitats de testosterona que impregnen els circuits cerebrals i els transformen del tipus femení al masculí. L'augment de testosterona és el responsable del desenvolupament de circuits neuronals de conducta exploradora i de la generació de moviments musculars bruscos en els nens. En aquesta època, i durant l'anomenada pubertat infantil, que va des del mes després del naixement fins als dos anys, els ovaris de les nenes alliberen molts estrògens al cervell, cosa que marca pautes de comportament diferents. És una etapa de què encara queden moltes incògnites per descobrir, sobretot pel que fa a com aquestes diferències es manifesten en la conducta, perquè resulta complicat que una nena de dos anys s'estigui quieta durant un escàner o una ressonància magnètica.

Com que el cervell femení no es troba exposat a tanta testosterona, les nenes neixen amb circuits femenins en què algunes zones, com la de l'oïda i les emocions, són més grans que les equivalents masculines. En els homes, en canvi, l'espai reservat al sexe és dues vegades i mig més gran que en les dones.

En la pubertat, entre els nou i els quinze anys per als nois, els nivells de testosterona augmenten i es multipliquen per vint-i-cinc —en biologia, aquesta és una xifra considerable—, i ells comencen a manifestar la seva conducta sexual a través de fantasies sobre la dona. En aquesta nova etapa, es desenvoluparan circuits nerviosos que portaran l'adolescent a la detecció ràpida de les femelles, al desig sexual urgent, i al desenvolupament de l'agressivitat, el desafiament a l'autoritat i de defensa del seu territori.

Això no vol dir que al cervell femení no li interessi el sexe. L'augment de l'estrogen i, en menor mesura, de la testosterona en el cervell de les adolescents les impulsa a voler ser sexualment atractives. Sembla un fenomen que es dóna en totes les cultures.

I la testosterona no sempre regna com vol al cervell de l'home. Aquesta hormona pateix una sèrie d'importants modificacions davant la paternitat. Segons un estudi dut a terme a la Universitat de Harvard, els nivells de testosterona, que és l'hormona de l'agressivitat i el desig sexual, baixen amb l'arribada de la paternitat, mentre que pugen els d'una altra hormona, la prolactosa, responsable de la conducta protectora paternal típica. Es creu que aquests canvis es deuen a substàncies químiques procedents de la suor i la pell de les embarassades, que es transmeten per l'aire fins a les fosses nasals dels marits i els indueixen la formació de les connexions nervioses favorables al nou patró de comportament.

Alguns estudis realitzats amb primats no humans, com ara els macacos, demostren que hi ha característiques específiques de cada sexe, com les conductes de joc: els nens solen preferir jocs de baralles, mentre que les nenes es decanten per jocs més fantasiosos.

Hi ha indicis que l'estrès també podria afectar d'una manera diferent el cervell i la conducta de tots dos sexes. En un experiment fet amb cabres, per exemple, es va comprovar que les cries femelles estaven molt més nervioses que les mascles si la mare estava estressada.

D'altra banda, la inhibició emocional afecta l'excitació sexual en un grau més alt en les dones que en els homes. Per fer l'amor, elles necessitarien poder desconnectar millor de les preocupacions que generen ansietat. La veritat és que la vida social progressa per camins aliens a aquest descobriment biològic.

Les responsabilitats i els compromisos de la part femenina de la població són cada vegada més grans —als tradicionals, com la cria dels fills i les responsabilitats professionals, se n'afegeixen de nous, com els de representació en la política— sense compensacions evidents en l'organització social que neutralitzin aquesta ansietat, com ara guarderies infantils de qualitat i la participació de tota la societat en les tasques d'educació emocional dels fills. Un toc d'alerta per al futur.

Els motius de la infidelitat

Diuen les males llengües que a la dècada dels anys vint el president dels Estats Units Calvin Coolidge havia anat de visita oficial amb la seva esposa en una granja. A cada membre de la parella presidencial se li va assignar un itinerari diferent, de manera que quan el guia explicava al president els secrets d'un galliner, li va dir: «La seva esposa m'ha recalcat que li recordés que el gall que viu al corral envoltat de gallines fa l'amor cada dia». A la qual cosa el president Coolidge va contestar amb una pregunta: «Només amb una?». «No, no, no», va ser la resposta immediata del guia. «Doncs digui-ho a la meva dona», va ser la rèplica del president.

Semblaria evident que Coolidge —no recordat, precisament, pels seus grans encerts— compartia, malgrat tot, amb els biòlegs del futur l'opinió que la monogàmia en la parella no és una solució tan natural com encara avui molts continuen pensant.

La realitat de les últimes investigacions, com les dels biòlegs nord-americans David Barash i Judith Lipton, són contundents i es podrien resumir dient que, entre els mamífers, i particularment entre els primats socials, no és fàcil constatar la monogàmia com a pràctica habitual.

Ni tan sols són monògames moltes espècies d'ocells que fins fa poc s'hi consideraven. Vegem, per exemple, les dades que ens ofereix un estudi de la naturalesa humana i animal sobre la monogàmia: de les quatre mil espècies de mamífers que hi ha a la Terra, només unes dotzenes viuen en parella, un percentatge molt baix; igual que en els humans, ja que de les cent vuitanta-cinc societats humanes que hi ha al món i han estat estudiades, només vint-i-nou practiquen la monogàmia. Les dades són clares i sembla que reforcen encara més la teoria de Lipton i Barash.

La conducta que podem anomenar «inclinació a la varietat sexual» està condicionada per la recerca no tant de la diversitat com de la qualitat. En altres paraules, s'atorga inconscientment o conscientment una gran importància a la salut i la bellesa i, per tant, als gens. Ara bé: com se sap on són els bons gens? Com pot saber un membre de la parella, que no disposa d'un kit d'anàlisi d'ADN ni de l'equipament necessari, que els gens de l'altre són bons?

Una espècie de granotes —en concret el mascle de les granotes d'arbre grises— ens en dóna una primera pista. El mascle que gaudeix de més bona salut, i per tant de gens millors, té un cant inconfusiblement més prolongat. En altres espècies els senyals reveladors no tenen a veure amb el so, sinó amb els colors; sobretot, en el món dels peixos i els ocells.

En el cas dels humans i d'una bona part d'insectes i mamífers, el senyal determinant és el nivell de fluctuacions asimètriques; si aquest nivell és inferior a la mitjana, l'organisme en qüestió exterioritza que el seu metabolisme funciona perfectament i que, per tant, els seus gens són envejables. En cas contrari —quan les faccions no presenten prou simetria—, s'anticipa que les empremtes del dolor i de les malalties han distorsionat el perfil fins al punt que el seu nivell de fluctuacions asimètriques és superior a la mitjana, i que estem contemplant el subproducte de gens defectuosos.

La psiquiatra Judith Lipton assegura que les dones tendeixen a preferir els homes simètrics, alts, i en alguns casos els que mostren indicis de nivells de testosterona elevats. Segons els seus estudis, quan una dona ovula, pot preferir un home amb una aparença més agressiva, per exemple, amb més pèl; i en altres moments, probablement quan no ovuli, pot preferir algú menys pelut i amb una expressió més amable. Lipton diu que a les femelles els agraden els bons gens, la bona conducta i els bons recursos en la parella: és el que busquen per aparellar-se amb algú.

Una demostració pràctica

En el llibre que Judith Lipton va escriure amb el seu marit, David Barash, *El mito de la monogamia*, hi ha un experiment que és realment divertit i molt il·lustrador. Es va fer al campus d'una universitat dels Estats Units. Es va triar un home molt atractiu i una dona molt guapa, que es van adreçar als estudiants amb tres preguntes. La primera va ser: «Vols sortir amb mi, avui?», i resulta que el 50% dels nois i les noies van dir que sí. La segona pregunta va ser: «Vols que anem a casa meva?», i aquí les respostes van ser diferents: només el 6% de les noies van acceptar anar-hi, enfront del 70% dels nois. I l'última pregunta va ser: «Vols anar-te'n al llit amb mi?». Doncs bé, entre els nois el 75% ho va acceptar, i el 25% restant es va desfer en excuses per justificar-se, intentant explicar a la dona per què no volien anar al llit amb ella. En canvi, cap noia no ho va acceptar, cap ni una.

Aquest experiment és molt il·lustratiu perquè, com explica Lipton, demostra que els nois es deixen portar més per la bellesa femenina i són menys exigents, els interessa més un acte sexual ràpid i sense conseqüències. En canvi, per a elles, el risc d'anar al llit amb un desconegut és molt alt. A més, si un home és massa subjugador sexualment, encara que sigui guapíssim, no resulta gaire atractiu.

Diversos científics creuen que la monogàmia no és una forma de vida natural.

Lipton i Barash creuen que ni la biologia, ni la primatologia, ni l'antropologia no suggereixen que la monogàmia sigui una forma de vida natural, com ho són parlar o caminar. Com em va dir una vegada Lipton en una entrevista: «El que és natural és un model sexual en què la gent troba una parella, li fa promeses que després trencarà, es produeix un abandó, a algú se li trenca el cor, després es fan més promeses, hi ha més cors trencats... el que és natural és un reguitzell de cors trencats».

Barash resumeix molt bé aquesta situació dient que «és important remarcar que moltes persones confonen que alguna cosa sigui natural amb el fet que sigui bona. Moltes coses que són molt naturals... què hi ha de més natural que un bacteri o un virus?», es pregunta aquest biòleg. «Però no són bons. I, en la mateixa mesura, simplement perquè una cosa no sigui natural, com la monogàmia, no vol dir que sigui necessàriament dolenta! Crec que cadascú és lliure de prendre les seves pròpies decisions, però si algú opta per la monogàmia, pels motius que sigui (religiosos, ètics o altres), si la tria, hauria de ser conscient que haurà de lluitar contra una part de la seva biologia. Però no és impossible! Les persones lluiten contra la seva biologia constantment!».

L'abundància d'opcions

Si a un colom se li dóna a triar entre una recompensa ara o una de molt millor més tard, ho té clar: no aguanta ni quinze segons i tria la immediata. Amb els humans, la cosa no canvia. Imagineu-vos que a uns nens d'entre tres i set anys els situem en una habitació davant d'una galeta i els diem: «Podeu menjar-vos una galeta ara o moltes més quan torni». I, és clar, no els diem quan tornarem. Per descomptat, agafaran la galeta abans que tornem, però quant de temps tardaran? Uns més que d'altres, dependrà molt de l'edat, perquè en passar de tres anys i mig a cinc tenen lloc canvis radicals: els nens i nenes comencen a ser capaços de tenir en compte el futur.

El nombre de segons que esperaran prediu l'estabilitat marital, les notes a la universitat, la delinqüència juvenil, l'alcoholisme i tota una gamma de comportaments que són independents de la situació econòmica i familiar i que el psicòleg Walter Mischel, de la Universitat Colúmbia, a Nova York, va començar a estudiar fa més de quaranta anys.

Triar entre cafè amb llet o tallat és trivial. Pomes o taronges? Això no és un gran problema. El problema, allò difícil, és elegir el moment adequat. Com sacrificar-se ara per aconseguir coses millors quan arribi el futur? Aquest és un problema de compromís i requereix prudència, la capacitat de fer un sacrifici ara a fi d'obtenir un benefici més endavant. El concepte capital aquí és la prudència, invertir en prudència; cosa que, segons sembla, fem cada vegada menys i pitjor.

En part, la societat constituïda ens dóna les eines necessàries per solucionar aquest problema; ha creat per a nosaltres tot un entramat de tecnologies del compromís que ens diuen què hem de fer. Anem a la universitat, ens casem, tenim un fill... Ens diuen quan és més sensat fer un sacrifici ara per obtenir algun guany en el futur.

N'hi haurà prou amb dos exemples d'aquesta tecnologia del compromís. «Renunciaré als ingressos d'uns quants anys, però això em conduirà a un títol. Aquest títol em donarà més possibilitats de tenir una vida més interessant, de ser ric i, també, de seduir la dona que estimo». Un altre exemple més trivial: «Aquesta nit, en comptes d'anar a la disco, em quedaré a casa repassant el temari per assegurar-me que la setmana que ve aprovaré l'examen».

Tot i així, la tecnologia del compromís està en entredit. L'abundància d'opcions característica dels temps moderns fa un flac favor a la gent. La prosperitat econòmica provoca un flux de novetats i de noves recompenses l'una més atractiva que l'altra. Com més opcions hi ha, més difícil és triar aquella amb què comprometre's. A poc a poc ens anem programant per valorar les coses que tenim immediatament a l'abast de la mà, molt més que les coses remotes. No estem segurs sobre quin serà l'efecte a llarg termini d'aquesta abundància, però per a alguns científics resulta evident: es degrada el concepte de prudència a què em referia abans, i això és la clau del nostre malestar. Si les novetats arriben molt de pressa, ens distreuen dels objectius a llarg termini i ens centren en les recompenses més immediates. L'abundància produeix ansietat i l'ansietat ens redueix el benestar.

L'abundància i els nous valors afecten els béns i valors preexistents. És a dir, l'abundància canvia la forma en què escollim, i ho fa fins a un punt del qual no érem conscients perquè són processos extremadament graduals. Fumar n'és un exemple. El preu que s'ha de pagar per fumar només es va descobrir després d'un llarg període de temps. Van fer falta cinquanta anys per arribar a la conclusió que fumar mata. Primer ho van descobrir els científics; al cap de deu anys més, els governs van decidir posar una etiqueta als paquets de cigarrets; deu anys després van eliminar la publicitat de la televisió; deu anys més tard, la classe mitjana deixa de fumar, i deu anys més i ja no es permet fumar a les oficines.

Diferents valors generacionals

A Espanya, com en altres països europeus, les diferències generacionals sembla que s'aprofundeixin en comptes de disminuir. No sempre ha estat així. El qüestionament dels grans per part dels fills, quan es donava, transcorria en el mateix si de la vida i espai familiars. Avui, en canvi, la pugna entre les velles pautes de comportament i els nous plantejaments aflora obertament al carrer, lluny de la llar. La tribu s'ha desmembrat. Els joves formen un grup social diferent dels seus progenitors. Ells, per si sols, tenen tant en comú amb els seus contemporanis i tantes diferències amb els grans que han constituït la seva pròpia tribu, amb els seus símbols i la seva manera de vestir particulars. El perfil dels seus progenitors no ha deixat empremta —ni tan sols en el record—. Què ha passat perquè s'hagi produït aquest canvi dramàtic?

Biològicament, la distància entre la maduresa sexual i la majoria d'edat s'ha eixamplat. Els fluxos hormonals i la sexualitat avui esclaten a una edat cada vegada més tendra, mentre que la majoria d'edat —al marge del que estableixi la normativa en ús— s'assoleix a una edat més reculada. La possessió d'un mitjà de transport propi, l'accés a una feina remunerada i no diguem a un habitatge assequible es posposen en el temps. El resultat dels dos factors comporta l'aparició d'un grup social prou nombrós i cohesionat per acampar en terra de ningú amb les seves banderes. Era inevitable que els trets peculiars característics de la pubertat, abans fugaç, es consolidessin ara —durant un període desacostumadament llarg— en una cultura pròpia i del tot diferenciada.

Com totes les cultures, la dels joves ha creat els seus propis valors. Faltaven models a qui imitar tant en la classe política com en l'empresarial o acadèmica. La primera havia renunciat a transformar el món per garantir la supervivència dels mecanismes interns que sustenten el poder. Els segons han fonamentat el seu creixement en l'especulació a curt termini, i han renunciat als valors transcendents dels antics senyors industrials promotors del creixement econòmic. Per acabar, el sector acadèmic s'ha tancat en un gremialisme pervers que l'aïlla del sector industrial i l'allunya dels enfocaments multidisciplinaris que són avui indispensables perquè es produeixi la innovació.

Els joves constitueixen per si mateixos una bandada diferenciada

Els joves van assimilar de pressa, amb tot, el qüestionament iniciat pels seus progenitors dels valors tradicionals, que perdien tot sentit en la nova situació demogràfica i social. La cohesió que estimula el sentiment de nació, la religió i, per descomptat, la família. En el pla individual, es va consumar la separació de sexe i reproducció, es va dissociar l'amor del desig i es va crear un abisme entre treball —imprescindible per sobreviure, quan es trobava— i felicitat. Es tracta de les úniques pautes heretades del passat recent a què no s'ha renunciat. Al costat d'elles, s'aposta per nous valors.

Un d'ells és la por. De cada quatre alumnes que estudien a l'actualitat, un va a classe amb por. Allunyat dels punts de referència del passat, abandonat a la seva pròpia sort, el col·lectiu de joves establert en terra de ningú ha creat els seus propis ressorts de poder, que inclouen la intimidació, la sentència, la vigilància i el càstig.

L'altre valor important és la pertinença, no a un grup o classe social com abans, sinó a un col·lectiu virtual que, per diferenciar-se de la resta, recorre a qualsevol mena de símbol, per trivial que sembli, com un determinat pentinat, unes botes o un gorra especial. Per sobre de tot, es tracta d'infondre als «afiliats» el sentiment que pertanyen a un col·lectiu que és el seu. No cal que s'esforcin buscant el reconeixement de la resta del món, com preveia el fundador de la psicologia moderna, William James. Tenen assegurat el reconeixement del col·lectiu virtual. Fora del col·lectiu, només trobaran menyspreu i intimidació.

El tercer valor té a veure amb el canvi tecnològic. La revolució de les tecnologies de la informació ha concedit a aquests col·lectius una autonomia de comunicació i un poder de convocatòria que els

Els joves d'avui formen un grup social molt diferent dels seus progenitors.

permet ritualitzar i desenvolupar la seva pròpia cultura. Igual que en la història de l'evolució l'especialització geogràfica acabava incidint en l'expressió idiomàtica, l'accés generalitzat a les tecnologies de la informació imprimeix un segell especial a la forma de comunicar-se en el si del grup.

Tan greu i desesperada és la situació? No tant. Es tracta, senzillament, d'evitar que el cervell ens continuï enganyant fent-nos veure només el que volem veure. Però... quina mena de mesures hem de prendre?

Doncs les adequades per perfilar un canvi cultural. I això equival a dir que es tracta de processos lents i que no estan a l'abast de ningú en particular, sinó de tota la societat en conjunt. L'Estat tot sol ja no pot fer front a la situació. Com passa en el camp educatiu o el de la sanitat, cal la implicació de tota la societat. Cal fer una reflexió col·lectiva per analitzar quin és l'estat de la qüestió. A partir d'aquí, s'hauran d'identificar els maons amb els quals construir un nou model de cohesió social. I, finalment, s'haurà de començar a aplicar pas a pas. L'alternativa consisteix a adoptar l'opció que defensen alguns per al canvi climàtic: esperar que el deteriorament de la situació arribi a un extrem tal que indueixi, de manera estrepitosa i precipitada, a la participació de tota la societat.

Racisme i masclisme, dos prejudicis molt arrelats

Tots som —sense saber-ho— una mica racistes i masclistes. Evolutivament, hem heretat reflexos que mostren prejudicis cap a altres races i tardem més del normal a oblidar les diferències de gènere, quan no els hauríem de donar cap importància. A la Universitat de Chicago, l'any 2008, es van dur a terme experiments concrets per comprovar l'existència a l'inconscient d'aquest sentiment racista i masclista en els que mai no s'haurien pensat que el tenien.

Es demanava als enquestats que disparessin amb una arma digital contra una desfilada d'imatges de persones en actituds pacífiques idèntiques, l'única diferència entre les quals era la raça: els uns eren blancs i els altres, negres. Els trets contra aquests últims eren una mica més ràpids (0,68 segons) que els descarregats contra els blancs (0,69 segons). Es tardava una mica més a disparar contra els blancs, com si fos un acte més difícil de justificar. Els que se sotmetien a l'experiment havien estat elegits per les seves conviccions igualitàries i democràtiques. Prenguem-ne nota.

El segon experiment tenia a veure amb les diferències de gènere. Es passaven imatges de persones de races diferents que jugaven partits de futbol. Al cap de poc temps, els espectadors es fixaven més en la samarreta esportiva que portava el jugador que en la seva ètnia. Quan es tractava de jugadores, en canvi, no acabava prevalent la samarreta que portaven: els espectadors no oblidaven la condició femenina de l'esportista. Tenint en compte els resultats d'aquests experiments, és més fàcil comprendre el resultat del duel que en aquell moment hi havia en curs entre els dos candidats del partit demòcrata en les eleccions nord-americanes: Barack Obama i Hillary Clinton. L'ètnia dels candidats acaba perdent pes quan va encotillada dins la samarreta d'un equip.

El que acaba prevalent és la condició de jugador del partit demòcrata. La millor preparació i l'experiència pública de Clinton poden seduir així més votants, però els vots que Obama perdi no els perdrà pel fet de ser negre. El que quedi del masclisme heretat en l'inconscient dels nord-americans, en canvi, subsistirà, per molt llarga que sigui la campanya electoral. La samarreta demòcrata de Hillary no acabarà esborrant la seva condició femenina, al contrari del que passa amb el seu contrincant electoral, la samarreta del qual acabarà difuminant la consciència que és negre.

L'experiment de la Universitat de Chicago podria haver servit per anticipar, doncs, una victòria de Barack Obama. Amb una excepció, és clar. Podria haver passat tot el contrari si la intensitat del sentiment racista i masclista en l'inconscient dels electors ha-

El masclisme heretat que encara es troba en l'inconscient de molts nord-americans va perjudicar Hillary Clinton.

gués quedat superada per la intensitat d'altres sentiments dependents d'altres factors.

Acabem de descobrir fins a quin punt ens havíem enganyat a nosaltres mateixos creient que la conducta dels humans era el fruit de la raó conscient i que només en comptades i avorrides ocasions era el resultat de la intuïció i de les emocions que flueixen des de l'inconscient. Era una manera tremendament equivocada d'analitzar el comportament dels humans. Un neuròleg de Nova York, Joseph Ledoux, ja m'ho va suggerir fa uns anys: quan pensem en termes d'evolució i progrés, sempre tendim a pensar que només el neocòrtex cerebral —el responsable de les decisions racionals— avança. No és veritat. El sistema rector de les emocions i l'inconscient també avancen. I ja hi era molt abans que el neocòrtex.

Pobresa i criminalitat

Quan els meus amics més progres volen tranquil·litzar-me davant les manifestacions violentes d'alguns sectors molt joves, al·ludeixen al context social de pobresa i marginació en què viuen aquests grups. «Eduard, la pobresa és la causant d'aquestes aberracions i això és culpa nostra per un repartiment injust de la riquesa». Aquests arguments no m'han convençut mai. Les germanetes de la caritat eren molt pobres i mai no es van caracteritzar per dosis elevades de violència. Hi ha sectors de la màfia russa que superen amb escreix els nivells de renda mitjana i han donat mostres de comportaments delictius sense precedents. El recurs continuat a idees suades, no deu tenir a veure amb l'anquilosament del pensament dogmàtic, de les ideologies polítiques del passat? On són les idees noves sobre situacions noves?

Fa uns deu anys, experts en custòdia de presons i programes de rehabilitació van començar a qüestionar la tesi que busca en la pobresa la font del mal. Però eren veus aïllades que ni tan sols van aconseguir modificar els règims de rehabilitació iguals per a tothom. Als psicòpates, dels quals ja he parlat diverses vegades, amb una intel·ligència superior a la mitjana i una capacitat d'empatia netament inferior, se'ls sotmetia —i se'ls sotmet— a la mateixa rehabilitació que al carterista comú. Resultat: el psicòpata disposa després de molta més informació per criminalitzar la seva incapacitat d'ignorar el patiment dels altres.

L'antropòloga brasilera Teresa Caldeira, professora a la Universitat de Berkeley, va començar a investigar aquesta paradoxa fa més de deu anys en ciutats com São Paulo, Buenos Aires i Los Angeles. Les seves conclusions són irrefutables. «Eduard, més que aquesta suposada vinculació entre pobresa i criminalitat, és una determinada cultura que pot acompanyar o no la pobresa: les drogues, el domini del mite masclista, la discriminació, el fanatisme religiós...».

Una de les principals preocupacions de Caldeira ha estat anar en contra de la idea que la pobresa genera violència. Aquesta antropòloga està convençuda que no és això. És gràcies al treball d'investigadors com Caldeira en terrenys nous, lluny de la repetició de llocs comuns, que per fi podem desterrar els mites que han paralitzat els avenços del coneixement.

El pes del dogma té uns efectes perversos molt superiors als que s'atribueixen a la pobresa. A l'Índia, ni més ni menys que cent seixanta milions de persones suporten el pes d'un sistema de castes que els tanca en el reducte on han nascut. És més fàcil buscar un únic culpable a aquest despropòsit, com la pobresa o el canvi climàtic. Però això no ens eximeix de buscar les noves causes dels vells excessos. Sembla que, amenaçats per la violència creixent, no ens queda temps per escrutar-ne els motius.

Com distingim un psicòpata de la resta?

Sovint, la gent em pregunta: de tots els científics del món amb els quals has conversat, quin d'ells t'ha impressionat més? Sempre contesto que la pregunta s'hauria de formular d'una altra manera: de qui n'has après més? Als primers llocs de la llista hi ha Jonathan H. Pincus, professor de neurologia a l'Escola de Medicina de la Universitat de Georgetown, a Washington D. C. Ha examinat dotzenes d'assassins en sèrie. Quins són, segons ell, els factors que desfermen els instints violents?

Potser la millor manera de resumir el seu pensament és: els nens maltractats no seran necessàriament psicòpates d'adults, ni tampoc les persones amb malalties mentals o les víctimes d'una lesió que els hagi afectat el funcionament del cervell. Però si es donen totes tres circumstàncies, és molt probable que un acabi comportant-se com un psicòpata.

Descendim d'avantpassats comuns de mones i homínids que eren tremendament agressius. Tot i que semblem afables —saludem els desconeguts; cap rèptil ni cap altre mamífer ho fa—, podem exercir el poder sense miraments. Potser perquè en som conscients, ens preocupa molt l'efecte que les escenes violentes reproduïdes als mitjans de comunicació poden tenir sobre els joves. Com més popular es fa un mitjà de comunicació —primer van ser els diaris; després, el cinema, la ràdio, la televisió, i, ara, els videojocs—, més s'incrementa la por a l'impacte que les escenes violentes tenen en el comportament dels joves. En acabar l'institut, cada noi haurà passat unes vint mil hores veient la televisió, enfront d'unes catorze mil dedicades a l'aprenentatge a classe.

Les últimes investigacions indiquen que no són només els mitjans de comunicació els que influeixen en el comportament de la joventut. Hi ha molts altres factors. L'opinió pública, al començament del segle XX, estava convençuda que els diaris nord-americans de grans tiratges exacerbaven el sistema nerviós de la gent. Aquesta preocupació es va traslladar a les primeres pel·lícules en moviment, als còmics i a la ràdio. Però el que realment ha disparat la polèmica ha estat la televisió i, ara, els videojocs i els mòbils.

Steven Kirsch, professor de psicologia de la Universitat de Geneseo, als EUA, assegura que el que ha augmentat avui és la difusió que es fa de la violència i de l'agressió. Ara els nens tenen telèfons mòbils. En el passat, quan un xaval agredia el seu veí, per molt terrible que fos, ningú no ho penjava al YouTube, però ara sí, i per això tenim aquest clamor públic sobre la violència juvenil.

Durant molt de temps, es va creure que certs tipus de música, com el heavy metal o el rap, podien fomentar els comportaments violents. Però ara se sap que no importa tant la mena de música que escolta un jove com el motiu pel qual l'escolta. Als nois agressius els atreu l'agressivitat. Un estudi recent revela que els que escolten òpera tenen més probabilitats de no condemnar el suïcidi. Una vegada més constatem la importància de la configuració de la ment individual. Les persones amb certes idees se senten atretes per determinats tipus de música.

L'impacte de les escenes violentes en els nens amb psicopatologies tendeix a ser més acusat, perquè no s'inhibeixen amb la mateixa facilitat que la resta enfront de l'excitació i la violència que perceben.

Indicis de maltractament

L'admirable intuïció del metge i filòsof Albert Schweitzer també es confirma a mesura que es comença a desvelar la relació entre maltractament infantil i animal. Un estudi revela que en un grup de llars amb denúncies de maltractament infantil demostrat, el 88% dels animals d'aquestes llars eren maltractats; en un altre estudi, el 71% d'un grup de dones maltractades afirmava que els seus maltractadors també havien agredit o matat animals de la casa. Hi ha altres indicis, com que els convictes de presons de màxima seguretat condemnats per actes violents tenen més probabilitats que els convictes no violents d'haver infligit maltractament a animals en la infància. Als EUA i la Gran Bretanya, pioners en aquests estudis, es comença a admetre el maltractament envers els animals com un indicador útil per detectar maltractament infantil i violència a la llar. La del neuròleg Pincus és una conclusió inquietant que té el mèrit de cridar l'atenció sobre la transcendència dels maltractaments infligits als nens. Estem parlant de maltractaments lesius, abusos sexuals, tortures... Quan s'han patit, és probable que es generin comportaments violents en la pubertat o l'edat madura.

Hi ha molts factors coneguts que determinen la conducta agressiva dels joves. Un dels més importants és el paper que exerceixen els pares en la criança dels fills. Un nen del qual s'hagi abusat, que hagi estat privat d'amor o assotat tindrà més probabilitats de ser agressiu. Terapeutes de prestigi reconeixen, per això, que la millor manera de lluitar contra les malalties mentals i la violència és ocupar-se de l'educació emocional dels bebès i dels nens. Un altre factor segur és la companyia dels amics amb què el nen es relaciona: si té amics agressius, augmentarà la probabilitat que ell també ho sigui, ja que estarà exposat a un entorn que no condemna la violència. Els nens que reben cops a les mans dels seus germans també poden acostumar-se a utilitzar l'agressió per resoldre els problemes.

Això s'ha vist confirmat per investigacions recents que posen de manifest la vinculació entre l'ansietat de la separació maternal patida pel nen i el desemparament generat pel desamor en una parella. Els circuits cerebrals afectats són els mateixos i, pitjor encara, les defenses psicològiques disponibles continuen sent les que es tenien de petit. Tant és així que, avui per avui, la millor manera de lluitar contra la violència consisteix a evitar el maltractament infantil. Estem molt lluny d'haver reflexionat seriosament sobre les conseqüències del que acabo d'exposar. Les institucions tampoc no responen adequadament enfront dels resultats de les investigacions científiques sobre aquest tema. Alguns països, en canvi, ja fa anys que han abordat amb èxit alguns d'aquests desafiaments. Per exemple, hi ha països on es pot accedir de manera gratuïta a prestacions socials per a mares amb problemes evidents: malalties mentals o depressions agudes, entorns violents o situacions molt marginals. Ens pensàvem que una cosa era la infància i una altra, l'etapa adulta. Avui sabem que estan íntimament travades. Però no actuem en conseqüència.

La fascinació del món virtual

Des del moment que tenim la capacitat d'intuir el que pensen els altres podem ajudar-los o manipular-los, i ho fem a cada moment.

No puc deixar de pensar-hi quan veig aquests nous robots afectius dissenyats per establir relacions amb els humans. Paro, un robot japonès que simula una cria de foca dissenyat l'any 2006, sorprèn. I no per la seva suposada intel·ligència, sinó pel fet que està programat per mostrar els indicadors propis d'una relació afectiva: manté contacte visual, respon davant de diferents tons de veu i gestos, i fins és possible influir en el seu estat mental. Cal esforçar-se per recordar que no és més que una màquina; si ens deixem portar, ens fa l'efecte que ens comprèn. Acabem creient que intuïm el que pensa. Però què hi ha a la seva ment? Res. No hi ha res a la ment d'aquesta criatura.

Paro és el fruit de l'interès que hi ha al Japó per dissenyar robots que puguin fer companyia a la gent gran; i funciona. Amb els nens es produeix un efecte igualment sorprenent. Fa uns anys, una exposició sobre Darwin a l'American Museum of Natural History anunciava la presència d'unes autèntiques tortugues de les Galápagos. Un animal icònic en el desenvolupament de l'única teoria mai proposada capaç d'explicar la vida: l'evolució per selecció natural. I allà s'estaven les tortugues, descansant tranquil·lament, gairebé sense obrir els ulls. «Podrien haver-hi posat un robot!», va dir una nena de catorze anys. «Amb tot l'embolic que ha representat portar-les! Si pràcticament no es mouen!». Per a aquesta noia, la presència de les tortugues suposava molt d'enrenou per a tan poca expressió de vida. Per això, potser haurem de preguntar-nos quins són els propòsits de la vida per a aquesta generació de nens que ha crescut amb robots.

El circuit de la recerca i la recompensa al cervell és bàsic per entendre la nostra felicitat. I els actuals videojocs de simulació l'activen constantment. A cada moment han d'afrontar-se reptes —prendre decisions, prioritzar, elegir— amb els quals s'aconsegueixen recompenses immediates —vides de regal, passades de pantalla—. S'alliberen torrents de dopamina mentre es potencien unes eines cerebrals molt útils que es desenvolupen com un aprenentatge col·lateral al joc: l'important no és el que pensa el jugador, sinó com ho pensa.

El món virtual ens atreu perquè la gent se sent sola, i té por de la intimitat. L'ordinador ofereix una solució aparent a aquesta paradoxa, perquè amb l'ordinador pots estar sol, però no has de sentir-te'n mai; pots obtenir la gratificació d'una certa classe d'amistat sense les exigències d'una intimitat de debò. Això resulta molt temptador. Ara bé, quina relació mantenim amb els robots afectius si són un pur artifici de la nostra projecció?

El principal repte per a nosaltres i per a aquesta nova generació que se sent tan còmoda en el món virtual és unir la realitat virtual i la biològica. Estem en una cultura en què l'ordinador constitueix un objecte central en les nostres vides. I no ens podem quedar al marge d'aquest corrent. Per això vaig insistir tant a comprar un ordinador a la meva néta. I després de barallar-me molt amb la seva mare, ho vaig aconseguir.

L'escriptor i especialista en videojocs Mark Prensky em va explicar en una entrevista que fins ara la premsa ha insistit a explicar totes les maldats sobre els videojocs i ha evitat explicar el que tenen de bo. Segons diu, «l'opinió pública té una idea del tot oposada del que realment són els videojocs. Creuen que comporten grans perills i pocs beneficis, però, en realitat, els beneficis són molts i els perills són escassos; reals, però escassos». Prensky assegura que les persones que avui dia tenen trenta o quaranta anys i han crescut amb videojocs «són més bons metges, sobretot aquells metges que operen per cirurgia laparoscòpica. Hi ha estudis d'investigació que ho demostren científicament. Són més bons músics, més bons constructors de muntanyes russes, perquè són literalment constructors de muntanyes russes; més bons homes de negocis, més bons empresaris i la raó és que els videojocs t'ensenyen a assumir riscos. Aprens a actuar a partir d'un *feedback*. Aprens a prendre bones decisions. I són la mena de coses que després transmetem a totes les nostres professions». Per a aquest expert, hi ha «natius digitals» que són els que ja han nascut en un entorn digital, i «immigrants digitals», que són els que han hagut d'adaptar-se als canvis que comporta aquesta nova realitat. Per als natius digitals els videojocs són part fonamental de la seva educació. Prensky diu que «és important que tots els pares entenguin que un videojoc no és més que un gran problema que costa cinquanta euros. I als nois els agrada resoldre aquests problemes. Si ho pensem bé, si es tractés de problemes que els plantegessin a l'escola, els pares n'estarien encantats. És possible que els nens inverteixin mesos o una hora a resoldre el problema i quan ho aconsegueixen hauríem de felicitar-los, en comptes de dir-los que deixin de jugar!».

El que ens separa del ximpanzé és la nostra capacitat d'imaginar. Ells també es reconeixen al mirall, i d'aquí molts científics dedueixen que també tenen consciència de si mateixos. Però no poden imaginar mons diferents del seu, com el més enllà. Ara que els mons creats prenen forma de simulació digital, no ens n'hauríem d'escandalitzar. Les representacions sempre han existit, i la virtual n'és una més.

Itinerari 6

Els secrets de la vida a la Terra

Un planeta en perill

On hi hagi aigua, o la promesa d'aigua a la Terra, hi ha vida, com a mínim en forma de bacteris o fongs microscòpics. N'hi ha des de l'Antàrtida fins al Pol Nord, des del cim de l'Everest fins a les profunditats dels oceans, a onze mil metres sota la superfície del mar. Aquest és un dels grans patrons de la Terra: la vida embolcalla cada racó del planeta.

Tot aquest capital està en perill. Hem patit cinc grans extincions en els últims quatre-cents cinquanta milions d'anys. L'última, en l'època dels dinosaures, fa seixanta-cinc milions d'anys, va ser causada per un meteorit gegant. Fa tan sols uns deu mil anys, els éssers humans van colonitzar per complet el planeta per mitjà de la revolució agrícola. Potser la vida, fa deu mil o vint mil anys, va tenir el punt àlgid de diversitat, però vam aparèixer nosaltres, i el nostre efecte és el d'un nou gran meteorit. Avui dia l'alarmant reducció de la biodiversitat provocada per l'acció humana ens acosta al llindar de la sisena extinció.

La superpoblació d'humans ha creat un coll d'ampolla —és com en diu Edward Wilson, professor emèrit de la Universitat de Harvard— que destrueix gran part de l'entorn natural i de les espècies. Permetem aquesta situació per poder viure a la Terra, encara que si totes les persones del món, uns sis mil set-cents milions, volguessin viure amb els paràmetres consumistes de gran part d'Occident, necessitaríem els recursos naturals de quatre planetes Terra més. El comportament humà actual ens beneficiava en un sentit darwinià, quan la humanitat estava evolucionant i vivíem en petites tribus, perquè era qüestió de supervivència, i el mètode de colonització era expeditiu i eficaç. Si només pensem a curt termini, en tenim prou d'assegurar la supervivència d'un dia i l'endemà, però llavors només es té en compte el futur de la generació següent en un espai geogràfic petit —la comunitat pròpia o el país propi—. El resultat d'aquesta visió estreta és que cometem errors terribles en la planificació econòmica i el repartiment de recursos. Segons Wilson, el motiu que ens trobem davant les primeres etapes de la sisena extinció és que els humans reduïm la biodiversitat del planeta, un factor fonamental per a la supervivència de l'espècie.

La immensa riquesa del planeta

L'estudi de les diferents formes de vida ens ha permès descobrir com han anat evolucionant, des de les més senzilles —els bacteris— fins a les més complexes. I malgrat que ens sembli que els coneixem tots, en realitat només som capaços d'identificar amb un nom el 10% dels organismes vius del planeta. El 90% restant encara són un misteri. La immensa majoria no són visibles a simple vista, però tenen una importància vital per a la nostra existència. S'encarreguen de reequilibrar els diferents components de l'atmosfera, purifiquen l'aire que respirem, reciclen els rebutjos de la natura perquè a partir de la matèria orgànica morta pugui tornar a néixer la vida. Com més espècies visquin en un ecosistema, més productiu i estable serà, i més capacitat de recuperació tindrà en cas que pateixi una sequera, un incendi o qualsevol altra circumstància que en posi en perill l'equilibri.

Per tant, si disminueix la biodiversitat, si s'extingeixen algunes espècies, l'efectivitat del sistema es pot veure afectada i, amb ella, la nostra pròpia existència. Els científics han començat a adonar-se'n.

Algunes de les tasques que la natura ens resol sense que ens n'adonem són la regulació de l'atmosfera i el clima, la purificació de l'aigua dolça, l'enriquiment del sòl, el reciclatge dels nutrients, la desintoxicació dels rebutjos, la pol·linització dels conreus i la producció de llenya, aliments i combustibles. Així d'important és la biodiversitat del planeta.

La conservació del medi ambient, amb tot, no té per què estar renyida amb les lleis de l'economia. Un equip d'economistes i biòlegs ha calculat el valor en dòlars del món natural que destruïm (l'aigua, l'aire i el sòl). Els càlculs donen una xifra equivalent al producte brut anual mundial. Els processos naturals que estem destruint —l'enriquiment natural del sòl, la regulació del clima o la depuració de l'aire mateix que respirem— són serveis que la Terra ens ofereix de forma del tot gratuïta. A mesura que destruïm el món natural, ens veiem obligats a reemplaçar-lo per la nostra pròpia maquinària econòmica; per exemple, hem de depurar l'aigua pura que contaminem amb dispositius de filtració que costen centenars de milions d'euros.

Pas a pas, estem convertint la Terra en un lloc on no podem establir-nos i deixar que la natura segueixi el seu curs i ens subministri tots els serveis necessaris per a la regulació natural de la vida, per a la convivència de les espècies. Ens veiem obligats a viure com si habitéssim en l'espai, tancats en un vehicle espacial, sempre pendents d'arreglar, mesurar i discutir què podem fer perquè les coses tornin a funcionar. Això és de bojos i sembla que hem oblidat un detall molt important: en el passat, no hi havia ningú que s'interessés per la Terra com un sistema en funcionament; per a la majoria era un simple paisatge.

El diòxid de carboni a la Terra augmenta a conseqüència de la nostra forma de vida. La destrucció de l'hàbitat —per exemple, la pèrdua de la selva amazònica— no sols impedeix el manteniment de les persones, sinó que afecta el clima i el benestar del món sencer.

Possibles respostes

La solució per a aquests problemes podria venir de la ciència i de la tecnologia. Fa dos-cents anys érem mil milions d'habitants a la Terra; ara som més de sis mil milions. Hi exercim tanta pressió que ens veurem obligats a recórrer a la tecnologia per subsistir. Per exemple, podríem obtenir molts més aliments gràcies a la indústria química i biotecnològica. També hauríem de controlar el rebuig a l'energia nuclear. Tenim raons de pes per témer la guerra nuclear, tan destructiva per a la civilització; però la nuclear és l'única font d'energia que no perjudica l'atmosfera.

Una altra solució podria venir del professor de química George Whitesides i el seu grup d'investigació de la Universitat de Harvard, que estudien la possibilitat d'utilitzar la fotosíntesi aplicada al desenvolupament energètic. Whitesides treballa amb la hipòtesi d'utilitzar la mateixa energia solar que les plantes i transformar-la en hidrogen, oxigen o gas natural, tot i que encara no ha descobert el procés químic per realitzar aquesta fotosíntesi en un context no natural.

Per tant, sí que hi ha sortides al nostre desenvolupament, però es basen en la tecnologia, no en el seu abandó. Hi ha una altra solució: no fer res confiant que quan arribi el moment de la gran crisi planetària la gent i els governs reaccionaran i acceptaran els sacrificis necessaris per sobreviure.

Tot i que potser llavors ja serà massa tard.

El cicle vital

El canvi de mentalitat a l'hora d'observar el planeta es va produir quan l'home va anar per primera vegada a l'espai. Des d'aquella perspectiva es van poder fotografiar la Terra i la Lluna alhora. La primera era casa nostra, la mateixa que ara destruïm, un planeta càlid, amb vida i mort. La Lluna, inerta i freda, simplement existia.

Fa molt de temps, la gent es pensava que la vida s'adaptava a les condicions físiques i químiques del planeta i que això era tot el que es podia fer. El món animat s'adaptava al perfil terraqüi com una segona pell. Ara sabem que, fins a un cert punt, és la vida la que crea el perfil, i per això la Terra s'ha convertit en un planeta tan diferent del nostre satèl·lit. O de Mart. O de tots els que componen el nostre sistema solar.

Les roques sorgeixen a la superfície de la Terra i després pateixen l'erosió dels elements. Aquesta acció erosiva va destruint-les lentament fins a convertir-les en enderrocs, que són arrossegats per l'aigua fins a arribar al mar, al fons del qual es dipositen formant capes gruixudes, una autèntica catifa. Però el fons de l'oceà està en moviment a causa de les forces tectòniques: la calor que es genera al centre de la Terra escalfa les roques, que es mouen un altre cop cap als continents i pugen, es fonen o de vegades pateixen una metamorfosi i es converteixen en granit. Uns cent milions d'anys després tornen a aparèixer a la superfície i tot el material comença a erosionar-se de nou. És el cicle de les roques.

Un altre exemple de metamorfosi és el que suggereixen els Picos de Europa, el nom dels quals els ve del fet que eren la primera visió d'Europa que tenien els antics exploradors quan tornaven amb vaixell de les Amèriques: uns immensos blocs blanquinosos de roca calcària. Pujar-hi és increïble, i les vistes són meravelloses, però el que és fascinant de debò és saber d'on dimonis surt tota aquesta mola calcària. En aquest cas, es tracta d'una demostració del poder dels bacteris. Se sol creure que aquests microorganismes només provoquen malalties i que són una maledicció, però la realitat és molt més subtil. De fet, els bacteris han creat totes aquestes robustes i atractives roques que ara utilitzem com a elements decoratius als edificis i que són tot bacteris.

Les roques tenen nutrients —calci, sodi, potassi i la resta dels minerals, que nosaltres també necessitem per continuar vius— i els microorganismes, els bacteris o els líquens se'ls mengen per obtenir-ne minerals, que de vegades són la seva única font de recursos. Són especialistes a devorar-los.

Llavors, seguint el seu cicle vital, moren o passen els nutrients a altres organismes, i són arrossegats cap al mar. Aleshores ja està tot a punt perquè brolli una nova vida. Sense aquesta metamorfosi, per exemple, el mar no tindria peixos.

Els bacteris es nodreixen de les roques i fan que hi hagi aliments disponibles per a tot el que té vida a la biosfera. I després les profunditats del mar actuen com el cementiri de desballestament de tot el sistema: és allà on tota la superfície es regenera, es neteja i torna a reaparèixer a la terra.

Des del punt de vista biològic, el cicle de les roques és essencial, ja que sense la seva existència, sense la tectònica, sense els tsunamis i totes aquestes catàstrofes i terratrèmols, no hi hauria vida. La vida sorgeix només on hi ha imperfeccions i hauríem d'aprendre a respectar-ho.

El paleontòleg Richard Fortey assegura que la gran història del món, que transcorre durant quatre mil milions d'anys, és la història dels continents ara ajuntant-se adés separant-se, en un vaivé continu, a mesura que canvia la configuració de les plaques tectòniques. Aquest moviment és el que ha produït les serralades, els diferents tipus de roques, la vegetació... Tot el que veiem.

Un altre exemple espectacular de com es va formar la Terra i com evoluciona el trobem a les illes Hawaii. Són un exemple de

Aquestes enormes i meravelloses muntanyes són una gran demostració del poder dels bacteris.

com la geologia s'expressa amb la màxima simplicitat: erupcions simples, generació de nova escorça i enfonsament sota les onades. Allà pot veure's aquest procés perquè és un lloc d'erupció volcànica contínua, on el material del mantell, el material profund, aflora a la superfície per crear la nova superfície de la Terra. A més, des d'allà es veu l'evolució de la cadena d'illes hawaianes, i dóna una idea del temps geològic: a l'illa més gran la lava nova surt contínuament a l'exterior i creix, però les altres illes, que ara són volcans morts, s'estan enfonsant pel seu propi pes, en part, i també a conseqüència de l'erosió: se submergeixen al mar.

El canvi climàtic: una amenaça real

Robert Fitz Roy va passar als annals de la història com el comandant del *HMS Beagle*, el vaixell que va utilitzar Darwin en les seves famoses expedicions. Però el que realment li agradava a aquest home era la meteorologia. De manera que quan es va cansar de la marina, va crear, segons diuen, el primer observatori meteorològic del món. Segons sembla, Fitz Roy es pensava que podia pronosticar el temps, però va fracassar tantes vegades que al final va acabar suïcidant-se.

Aquesta història trista ens remet a un tema important: la diferència que hi ha entre clima i meteorologia. És impossible pronosticar el temps amb una exactitud total —com a màxim amb un parell de dies d'antelació—, però els canvis a llarg termini, és a dir, els canvis climàtics, es poden predir millor. Aquest és un sistema complex, i les mitjanes que esperem —el clima— no sempre concorden amb el que observem —el temps.

L'escalfament global és un fet. L'efecte dels gasos hivernacle, del diòxid de carboni que arriba a l'atmosfera procedent de la indústria i dels cotxes, entre altres fonts de contaminació, provoquen un lleuger escalfament del planeta. Quan dic lleuger vull dir d'uns 0,8 °C, o sigui, menys d'un grau. Molta gent pensa, és clar, que menys d'un grau no és res, que ni tan sols es nota; o fins i tot que a alguns països freds no els va gens malament. El més important és comprendre que el clima ens afecta a través de canvis climàtics extrems. Són les catàstrofes meteorològiques, com els huracans, les onades de calor, les grans tempestats, el que acaba causant danys i afectant les persones. L'escalfament global, senzillament, multiplica la possibilitat que aquestes catàstrofes passin.

Myles Allen, professor del departament de Física de la Universitat d'Oxford, fa temps que investiga el clima i ha demostrat el vincle que hi ha entre algunes accions humanes i els danys provocats pels desastres meteorològics. El petroli, el carbó i el gas són alguns d'aquests productes fàcils d'identificar i, segons aquest professor, quan la gent comenci a sentir-se descontenta amb els efectes del canvi climàtic sobre les seves vides, començarà a protestar i llavors es veuran els veritables canvis.

Què podem fer ara

Si tirem un dau al casino tenim una possibilitat entre sis que ens surti un sis. Si truquem el dau, podem doblar les probabilitats que surti un sis, però, a més a més, hem multiplicat per vuit la d'obtenir un triple sis. Un petit canvi en el dau provoca un efecte enorme en les probabilitats extremes.

L'onada de calor que vam patir el 2003 va ser, sens dubte, un triple sis. Si no fos per l'escalfament de la Terra, les probabilitats que hagués passat una cosa semblant a la calorada del 2003 serien mínimes. Però amb la influència dels gasos hivernacle, aquests successos ja no són tan improbables. S'ha establert que l'activitat humana ha doblat, com a mínim, el risc que es produeixi una onada de calor com la del 2003. De fet, la probabilitat que es repeteixi s'ha multiplicat de quatre a sis vegades i gairebé tot el problema es deu a un nombre relativament reduït de productes com el petroli, el carbó o el gas.

La qüestió no és protegir-se de l'amenaça del canvi climàtic. Això ho haurem d'afrontar tard o d'hora. La qüestió és si serà la nostra generació la que resolgui el problema d'una manera econòmica o si serà la pròxima generació —o la següent— la que hagi de resoldre-ho d'una manera molt més cara. És impensable que la gent es quedi sense fer res, veient com el sistema se'n va, literalment, a l'infern. Quan la gent comenci a sentir-se molt descontenta amb els efectes del canvi climàtic sobre la seva vida, començarà a protestar i serà llavors que veurem una modificació en l'opinió pública que repercutirà sobre les accions que es prenguin respecte al canvi climàtic. Aquesta és la tesi del gran químic i mediambientalista Lovelock, que ja he esmentat.

Les gestes de l'evolució

Les innovacions més espectaculars i transcendentals de la història de l'evolució, la supervivència de l'espècie quan tot apuntava al seu final, van ser fruit de la intuïció d'uns microbis nouvinguts dos mil milions d'anys després de la formació de la Terra i el sistema solar. Va ser una gesta biomolecular impulsada per un pacte entre dos bacteris: un de gran que va actuar de cèl·lula hoste i un altre de més petit amb alguna funció interessant o vital que l'altra era incapaç de fer. Amb tota seguretat, si el futur té salvació, arribarà de nou després d'aprofundir en el coneixement i les possibilitats del món molecular.

Una altra gesta de l'evolució, derivada de la mateixa època i pel mateix mecanisme, la devem a les plantes que haurien inventat la fotosíntesi: la possibilitat d'arrencar el seu propi aliment de la llum del sol. No dels raigs més radioactius, sinó dels feixos de llum més suaus i transparents. Els cloroplasts amb què les plantes fabriquen aliments per a elles mateixes són, en realitat, cianobacteris que es van instal·lar fa uns dos mil milions d'anys en grans bacteris hoste i que van acabar allotjats per sempre en el que serien més tard les cèl·lules de les plantes. Cap contracte d'associació no ha resultat tan decisiu com aquest per a la vida al planeta.

Moltes vegades simplifiquem en pensar que els arbres simplement creixen i fan ombra. Ens pensem que això és tot el que fan. Amb tot, alberguen més d'un secret. Tenen intel·ligència i memòria, i funcionen com el veritable vincle entre el cel i la terra. Els arbres són els éssers vius més alts i més vells que coneixem. Cada arbre és un petit ecosistema amb milers d'organismes en interacció. Transformen diòxid de carboni en oxigen i alimenten la vida.

Però, de vegades, només hi veiem recursos econòmics i ens perdem el miracle de la vida, perquè la fotosíntesi és una meravella. Terra, aigua i foc queden connectats gràcies als arbres per un procés que ells sí que saben fer i nosaltres, no. Amb les fulles atrapen els fotons del sol i utilitzen aquesta energia per descompondre molècules d'aigua en oxigen i hidrogen. El primer ens dóna l'aire que respirem; del segon s'obté tota la matèria de què estan fets els éssers vius, simplement combinant-lo amb diòxid de carboni de l'atmosfera i afegint-hi una mica de nitrogen de la terra.

Nosaltres només som els paràsits dels vegetals: ens els hem de menjar, o menjar els animals que se n'alimenten, per aprofitarnos d'aquest procés bàsic. Sense la fotosíntesi s'hauria interromput l'evolució perquè el que de debò ens alimenta es cou a l'interior de les fulles dels vegetals. No us heu preguntat mai d'on prové l'energia que teniu després de menjar-vos, per exemple, una cuixa de pollastre? Doncs del gra que aquest pollastre va menjar al seu dia. O sigui, de les plantes. Al principi de qualsevol cadena d'alimentació trobarem sempre els vegetals, que fabriquen en silenci la matèria que transmetrà l'energia a tots els éssers vius.

La principal tasca d'un arbre és mantenir les fulles ben amunt al cel, on puguin obtenir molta llum, molts fotons. I per fer-ho és imprescindible un material resistent. D'aquí sorgeix l'invent meravellós dels arbres, la fusta, necessària per al desplegament de la civilització. Vaixells, arquitectura complexa... la vida seria inimaginable sense aquesta barreja entre cel·lulosa i lignina, dos materials tous que, combinats, donen la rigidesa necessària a la fusta, de la mateixa manera que dos metalls lleugers com el coure i l'estany donen lloc a un metall molt dur, com el bronze.

El tronc acosta les fulles al cel, i les arrels el connecten amb la terra —fins a trenta metres poden arribar a descendir a la recerca del nitrogen i les sals minerals—. En alguns casos només ho aconsegueixen gràcies a la cooperació amb els bacteris, un exemple més que en la natura la cooperació és una força tan poderosa com la competició.

Cooperació natural

El naturalista i escriptor britànic Colin Tudge diu que hi ha la idea generalitzada —i errònia— que a la natura els éssers vius es passen tota l'estona barallant-se, llançant-se al coll dels altres.

Fins i tot el mateix Darwin sabia que això no era així, que en gran mesura els animals i les plantes cooperen; i la cooperació és una força tan poderosa com la competició. Si les plantes o els animals anessin per la vida només competint, fracassarien; però tenen èxit, perquè cooperen.

Els arbres han de lluitar pel seu espai, perquè no se'ls mengin els esquirols, els insectes, els ocells... però també han de trobar maneres de cooperar. Tudge posa com a exemple un fenomen anomenat fixació de nitrogen. Per convertir els sucres bàsics obtinguts amb la fotosíntesi en proteïnes cal afegir-hi nitrogen. I el nitrogen procedeix del sòl. La majoria dels arbres i plantes obtenen el nitrogen en forma de nitrats, però hi ha grups d'arbres curiosos, com els lleguminosos, que tenen bacteris a les arrels que extreuen el nitrogen de l'aire i el converteixen en nitrat. D'aquesta manera, l'arbre pot utilitzar aquesta font de nitrogen per fabricar proteïnes. Així l'arbre obté, en realitat, el nitrogen dels bacteris i les proteïnes l'obtenen de l'atmosfera. És una col·laboració realment meravellosa.

Els arbres se les enginyen per fer tot això, tot el que necessiten, sense cervell, sense ment, sense sistema nerviós. Però no es limiten a existir, inerts. Els arbres han d'anticipar-se als canvis d'estació: al llarg de l'hivern es preparen per a la brotada de fulles quan arribi la primavera, i en ple estiu anticipen ja l'arribada de la tardor. El secret? Ah!... Mesuren la durada de les nits, segon a segon, per saber quan canviaran les estacions. No tenen cervell, però els canvis d'estació no els sorprenen mai perquè són capaços de recordar. Quan un s'ha vist exposat a un vent que l'ha fet trontollar, no ho oblidarà mai i, encara que sembli sorprenent, es tornarà més gros. Si un any l'ataquen les erugues, l'any següent produirà unes fulles molt curtes que incomoden aquests animals.

Tudge també ha investigat per què a la Gran Bretanya hi ha només trenta-nou espècies autòctones d'arbres o al nord del Canadà nou espècies comunes, mentre que als tròpics, en conjunt, hi ha unes seixanta mil espècies.

Els arbres se les enginyen per fer tot el que necessiten sense cervell, sense ment, sense sistema nerviós.

Una primera explicació possible té a veure amb la història. Al nord, les glaciacions van arrasar-ho tot i això va exterminar els arbres. Així que han tingut deu mil anys per tornar a aparèixer. I no n'han aparegut gaires. En canvi, als tròpics, les glaciacions van tenir-hi un impacte, però no ho van exterminar tot; el que van fer, probablement, va ser fragmentar la selva. De manera que, en comptes de tenir una selva contínua, el terreny va passar a ser molt més àrid i van sorgir moltes parcel·les diferents. I les selves poc uniformes donen lloc a les condicions ideals per crear més espècies.

Una altra explicació molt interessant és que viure al nord, per exemple al Canadà, suposa enfrontar-se amb el fred i el clima extrems. Els únics éssers que poden viure al nord són els més resistents, i això redueix el nombre d'espècies que poden fer-ho. Tots els arbres del Canadà tenen adaptacions increïbles per viure en condicions de molt de fred. Al tròpic, en canvi, pot viure-hi qualsevol arbre.

Després d'anys dedicat a l'estudi de la Terra, Colin Tudge assegura que perquè la nostra espècie sobrevisqui el que necessitem és una agricultura orientada a alimentar i a donar feina a la gent, i a cuidar el medi ambient. Aquesta idea de l'agricultura s'allunya de la seva concepció actual: produeix molts diners de manera del tot insostenible. Per a ell la fórmula de les societats agràries tradicionals, on hi havia centenars de persones treballant en una mateixa zona, és molt millor que l'actual perquè s'aprofita més la terra, d'una manera molt més segura, i s'aconsegueix més dels animals i les plantes.

El secret del cant dels ocells

Encara que ens perdem el significat profund de l'olfacte —el codi de les impressions de l'orina i els excrements que altres mamífers reconeixen—, els éssers humans i els ocells vivim a l'univers dels colors i els sons. No es pot ensenyar un ximpanzé a cantar, però en canvi l'ocell n'aprèn (perquè no neix sabent cantar) des de petit. Segons el filòsof i compositor David Rothenberg, els ocells poden aprendre a cantar de diverses maneres: de vegades n'aprenen dels mascles adults; de vegades dels pares, i en algunes espècies se l'imaginen i l'improvisen. Però sempre n'han d'aprendre.

Ara hem descobert que els seus refilets tenen molts atributs semblants a la música dels éssers humans: patrons, repeticions, cants virtuosos, ornamentació, inversió... Utilitzen la siringe —nosaltres la laringe—, i per això fan coses meravelloses amb el so, ja que disposen de dues cambres que permeten emetre dos sons alhora. El cas curiós és que, quan estan en captivitat, els ocells canten, de vegades, fins i tot millor que quan estan en llibertat. El neurobiòleg Fernando Nottebohn va descobrir que quan un canari aprèn una nova cançó genera noves neurones, noves connexions neuronals al cervell. És un descobriment increïble perquè no hi ha gaires ocells que puguin fer-ho; en canvi els canaris adults —només durant determinats períodes de l'any— poden aprendre noves cançons.

El cant més complex que hi ha potser és el de l'Albert Lyer Bird, d'Austràlia. Tarda sis anys a aprendre a cantar. Amb la siringe imita el so de les ales quan volen i altres sons estranys. Com que cria a l'hivern, i la selva és en silenci, quan altres mascles comencen el cant per marcar el territori ell imita tota mena de sons, amb una estètica de fragments: un so molt d'avantguarda. Amb això alberga, potser, l'esperança que alguna femella li faci cas; però elles, que només ponen un ou cada dos anys, no estan gaire interessades a escoltar-se'l. Tot i això, l'ocell continua cantant. Si no defensa un territori ni sedueix la parella, per què canta?

Un altre fenomen fantàstic relacionat amb els ocells me'l va explicar Rothenberg. Hi ha uns ocells al sud de l'Àsia anomenats tords riallers de cresta blanca (*Garrulax leucolophus*) que poden improvisar un cant quan senten algú que canta. Aquest compositor es trobava a l'aviari nacional de Pittsburg, tocant el clarinet al costat dels ocells. Es va adonar que ells cantaven les seves pròpies melodies, fins que algunes de les notes del clarinet van començar a interessar a un grup d'ocells que va reaccionar i va començar a interactuar amb ell, responent i cantant les mateixes melodies, com si fossin músics de jazz.

Mentre es fan més descobriments sobre les semblances entre els cants dels ocells i la música dels éssers humans, la biologia dels ocells i la dels humans, per força ens preguntem: representem una diferència de grau en aquest procés o estem molt separats? És possible que la música evolucionés molt abans que el llenguatge i que sigui un tret que compartim amb els ocells i amb els cetacis.

Segons Rothenberg, el cant dels ocells té més significat que un simple missatge. Els complexos cants dels ocells comparteixen moltes de les estructures de la música dels éssers humans.

Darwin, en *L'origen de l'home*, esmenta que «els ocells tenen un sentit de l'estètica natural i aprecien la bellesa, i per això tenen un plomatge preciós i canten cançons molt boniques». Darwin no sols va dir que els ocells canten melodies per defensar els territoris o per atreure la femella; potser va deixar entreveure la resposta a la pregunta que em feia abans. A alguns ocells no els faria falta cantar d'una manera tan sofisticada i bonica per marcar el territori i seduir una femella. Amb menys passarien. Potser busquen la bellesa per sentir-la. Potser canten, simplement, per gaudir.

Dir això no és necessàriament antropocèntric. Els biòlegs i els científics analitzen el comportament en la natura i diuen que tot el que hi passa té una motivació, que compleix una funció en el curs de l'evolució. Això és compatible amb el fet de buscar la bellesa i gaudir-ne perquè està inscrit en els circuits cerebrals de motivació i recompensa. Com la música. Com l'amor. L'entreteniment forma part de la selecció sexual. L'amor, de la selecció natural.

Intel·ligència animal

Gràcies als estudis del comportament dels primats no humans estem aprenent com els funciona el procés cognitiu i, de passada, com funciona el nostre. És més, mai no sabrem el que és el coneixement humà sense haver aprofundit en el que compartim amb la resta dels primats. A hores d'ara, els millors científics ja no consideren la intel·ligència l'atribut eminentment humà que ens diferenciaria de la resta dels animals. Ara prefereixen acceptar que hi ha coneixement o fins i tot pensament en diverses espècies quan coincideixen tres característiques: la flexibilitat en el comportament no encadenada necessàriament a la genètica, la representació mental d'un escenari que en permet variar la composició i un factor que és inherent a totes dues, la complexitat.

Hi ha organismes, incloent-hi els humans, que han après una sèrie de coses que els permeten dissenyar estratègies a l'hora de complir un determinat objectiu. El que t'han ensenyat pots oblidar-ho, descartar-ho o modificar-ho i, per això, aquesta mena d'aprenentatge no genètic sol ser flexible.

La meva gossa em solia arrossegar cap al forn del barri —i jo accedia a anar-hi per altres raons, com la de comprar el pa— perquè l'amable dependenta sempre li donava un brioix. La veritat és que, sense una certa flexibilitat, no s'activa un procés cognitiu complex. Si un dia la dependenta amable no hi fos i ningú no li donés res a la gossa, l'endemà tornaria a arrossegar-me cap a la botiga. Ara bé, si no l'haguessin premiat amb el brioix durant un mes seguit, hauria deixat d'arrossegar-me en aquella direcció en tornar de passejar. El fet és que, sense una certa flexibilitat, no es pot parlar de coneixement o pensament.

Tots hem tingut amics, siguin animals o humans, que no donen mostres de prou flexibilitat en els costums. En comptes de discutir en el futur si el meu cap o director de departament és més o menys intel·ligent que un corb o un gos, sospesem primer si té prou flexibilitat de comportament; la capacitat de crear una representació mental, que li permeti intuir o recórrer a la memòria, després, i, per acabar, la complexitat inherent a totes dues. Les tres coses es poden donar en diferents espècies: en una espècie dels primats, per exemple, i no donar-se totes tres, en canvi, en el meu director de departament.

No s'ha de tenir por d'acceptar que una persona o un animal no humà pensa, quan resol el problema que se li planteja, recorrent a la flexibilitat i a la representació mental.

Per representació mental entenc la capacitat d'imaginar, intuir o anticipar el que pot passar si alguna cosa o algú canvia de situació o conducta. Si el meu cap té manies i no és capaç de canviar l'hora en què sol prendre cafè, a pesar de la feina acumulada en un dia determinat, i, a més, és l'últim d'assabentar-se que el cicle econòmic ara és advers, estarà fent gala d'una inflexibilitat i incapacitat de representació mental que el retraten com un incompetent als ulls dels altres.

El gran avantatge d'arraconar l'antiga divisió entre els humans, suposadament intel·ligents, d'una banda, i la resta dels animals, de l'altura, és que mai no podrem definir la naturalesa dels processos cognitius dels primers sense haver identificat aquells aspectes del coneixement que compartim amb els nostres parents més pròxims, els grans simis.

Segons Michael Tomasello, psicòleg i primatòleg de l'Institut Max Planck d'Antropologia Evolutiva, l'aprenentatge dels simis i el nostre és molt semblant en molts àmbits, com l'aprenentatge espacial o l'ús d'instruments. La diferència principal és la social: als nens se'ls ensenya com han d'utilitzar els instruments i n'aprenen per imitació, observant els altres, i obtenen més bons resultats que els ximpanzés. Els humans adults tendeixen a ensenyar als fills a utilitzar eines i altres coses. En canvi, els ximpanzés en general no solen instruir els petits.

Sembla que l'aprenentatge en els ximpanzés, i en altres espècies, és més el fruit d'un esforç individual, mentre que per als humans és el resultat d'una inclinació social. La cultura dels humans està basada en l'acumulació de coneixement, mentre que la cultura dels ximpanzés no està basada en aquesta acumulació.

Una de les grans diferències que ens separen dels ximpanzés és que ells només saben, no creuen. Tomasello explica que el que no poden entendre els ximpanzés, a diferència de nosaltres, són les creences falses, és a dir, el que algú cregui alguna cosa que no és veritat. Això fa que per a ells la realitat i el saber siguin el mateix, no són capaços de dissociar el saber de les creences, de la realitat concreta.

El primatòleg Josep Call, que dirigeix l'Institut Max Planck d'Antropologia Evolutiva, reconeix que després d'anys d'investigacions el que ara li encantaria és saber si un ximpanzé té consciència, si recorda la infància o aquella vegada que es van trobar un lleopard. Avui dia encara no tenim instruments que ens permetin saber-ho perquè no en coneixem el llenguatge ni els podem preguntar res. Però Call assegura que el que sí que sabem és que hi ha animals capaços de pensar, en el sentit que poden invocar, per exemple, objectes que no són presents, perquè tenen una representació mental de l'objecte, tenen una vida interior. Poden utilitzar aquesta informació per fer inferències, són capaços de solucionar problemes utilitzant aquesta informació.

Com s'adapta l'organisme al temps?

Quan es parla del temps se sol pensar en la física, en la relativitat, en el fet que el temps ja no és un valor absolut ni igual per a tots, i que no sempre avança en un sentit irreversible.

De vegades, també es pensa en la psicologia, és a dir, en la diferència que hi ha entre la nostra percepció i la realitat del temps, o en la sensació difusa, però generalitzada, que passa més de pressa quan ens fem grans.

Amb tot, seria lògic abordar el temps des de la nostra pròpia biologia. La vida tal com la coneixem ha evolucionat en un planeta que gira sobre el seu eix, creant un patró temporal diari de llum i foscor, de dia i nit. El temps està profundament incrustat en els nostres gens. Les cèl·lules del cos, els bacteris, les plantes i la resta dels animals són capaços de mesurar el temps: en aquest sentit, els rellotges biològics són adaptacions perfectes al nostre entorn que aconsegueixen sincronitzar el temps astronòmic amb el temps intern de l'organisme.

Hi ha moltes anècdotes que reflecteixen aquesta adaptació sigil·losa. La nostra capacitat de realitzar tasques mentals i rendir en el pla cognitiu té el seu punt àlgid cap a les dotze del migdia; després disminueix i augmenta de nou cap al vespre. Es tracta d'un fenomen molt dinàmic, comprovat en nombroses ocasions. En un estudi de la Universitat de Toronto es va analitzar quina era la millor hora per estudiar d'adults i adolescents. Es va descobrir que els adolescents aconsegueixen un bon rendiment a mitja tarda i que, a més, tenen la capacitat d'ignorar gairebé totes les distraccions ambientals. Els adults, en canvi, són marcadament sensibles a qualsevol distracció. De manera que quan diem als nostres fills adolescents, amb absoluta convicció: «És impossible que puguis fer els deures amb aquest soroll», potser sí que poden!

També sabem que, al final del dia, entre les sis i les vuit de la tarda, la tensió arterial puja, la temperatura corporal és més alta i, respecte al rendiment atlètic, un nedador olímpic pot nedar cent metres 2,9 segons més de pressa a les sis de la tarda que a les sis del matí. 2,9 segons suposen ni més ni menys que la diferència entre arribar el primer o l'últim! Cap a les nou del vespre, la glàndula pineal comença a segregar melatonina i ens preparem per al descans i per al son i, a partir de les onze, se'ns inhibeix la necessitat d'evacuar per evitar que hàgim de llevar-nos durant la nit.

Segons Russell G. Foster, catedràtic de Neurociència Molecular a la Facultat de Medicina de l'Imperial College de Londres, el rellotge biològic estableix un mecanisme cerebral per ajustar la nostra fisiologia i comportament als requisits d'activitat i descans del cicle dia/nit.

Resulta que el rellotge s'adapta molt malament als canvis imprevistos. D'aquí ve el *jet lag*. D'aquí també ve que molts dels grans desastres, com Three Miles Island o Txernòbil, tinguessin lloc a la nit, ja que el cos humà no s'adapta bé a treballar de nit. A ningú no li sorprèn que en prendre alcohol disminueixi el rendiment de la persona que beu, però tothom es va quedar bocabadat quan es va comprovar, en un estudi recent, que conduir un cotxe a les quatre de la matinada suposa un risc semblant.

Russell G. Foster creu que estem plens de «rellotges interns». Hi ha unes estructures cerebrals anomenades nuclis supraquiasmàtics, que tenen fins i tot els organismes més simples, que generen un senyal principal que coordina l'activitat dels rellotges interns en gairebé qualsevol cèl·lula del cos.

La frase «cada cosa, al seu temps» és un pensament que reflecteix l'imperi del rellotge biològic. Els protagonistes del *botellón* a altes hores de la nit ho obliden. El poder metafòric dels homínids va portar Maurice Thorez, secretari general del Partit Comunista francès, a donar als seus militants el millor consell que s'hagi pogut donar en tota la història de la humanitat: «Poseu-vos davant les masses, però no gaire endavant per no trobar-vos sols i gesticulant». Darrere aquell consell bategava el rellotge biològic que tots portem a dins.

Els animals i les plantes també tenen el seu calendari i el seu rellotge intern. L'emigració i altres processos fisiològics, com ara la hibernació, la floració o la reproducció, són processos complexos que no es poden improvisar. Setmanes abans d'emigrar, els ocells comencen a acumular greix per poder recórrer milers de quilòmetres sense alimentar-se.

Cada any, a final d'octubre, milions de papallones monarca arriben als boscos del Michoacán, a Mèxic. Recorren més de quatre mil quilòmetres des del nord dels EUA per reproduir-se i després retornar. Com se sincronitza el viatge de tants animals? Necessiten saber quin dia és per adaptar els cicles vitals i aprofitar al màxim les condicions ambientals. La majoria de les espècies es reprodueixen perquè les cries neixin a la primavera o a l'estiu, quan les probabilitats de supervivència són més elevades.

Cada estació està associada a unes determinades característiques ambientals de temperatura, humitat i a un factor clau: el fotoperíode. Els animals i les plantes han après a mesurar el fotoperíode per saber en quina estació de l'any viuen. Per ser més exactes, mesuren la llargada de la nit. La glàndula pineal dels animals segrega melatonina durant les hores de foscor: és una substància clau en la sincronització dels ritmes diaris i anuals. La melatonina circula per la sang i permet que els diferents òrgans sàpiguen que és de nit. De la mateixa manera, si la nit és llarga, el pols de melatonina també ho és, i indica a l'organisme que és l'hivern. Així, doncs, la presència o absència prolongada de melatonina seria el detonant de determinats processos anuals com la reproducció, l'emigració o la hibernació.

Itinerari 7

El poder dels canvis

La importància de canviar d'opinió

Us imagineu un món on la gent sabés gestionar les emocions? Un món on, per fi, s'hagués acceptat que, sent iguals davant la llei, la mentalitat dels homes i les dones és diferent? Un món on —igual que les mones més sofisticades— fóssim capaços de canviar d'opinió? Doncs és el món que ve.

En un campus universitari de la costa oest dels Estats Units, uns amics meus nord-americans es congratulaven de com es comportava de bé un ratolí del qual estaven experimentant la conducta arran d'una sèrie d'incentius molt meditats. La reacció era tan bona que un biòleg pervers va suggerir que, de tant en tant, no es recompensés la bona conducta de l'animal. Com reaccionaria si, malgrat haver-ho fet molt bé, no se li donava el premi? Ho van provar: les tres primeres vegades el ratolí, defraudat, va posar encara més voluntat i precisió en l'execució de les instruccions. «Es podria aplicar en les polítiques de personal de les empreses», va suggerir el biòleg pèrfid. A la quarta vegada de ferho tot bé sense recompensa, el ratolí es va ensorrar i no va voler seguir el joc.

El metge i neuròleg portuguès Antonio Damasio va postular fa uns anys que no valia la pena iniciar cap projecte sense emoció. Sobretot els actors, els músics i els esportistes havien de saber col·locar-se al lloc de l'altre i sentir empatia amb el projecte. Sense emoció no s'aconsegueix l'èxit. Si es posa massa emoció als projectes —era el retret que se solia fer a la meva cantant d'òpera preferida, la Callas—, es corre un risc enorme d'errar en l'execució operativa. Emocionar-se sí, però no gaire.

El neuròleg Ranulfo Romo va poder constatar una veritat extraordinària. Va descobrir que les mones *rhesus*, amb les quals treballava, eren capaces de canviar d'opinió: si posposen la presa d'una decisió, la seva memòria emmagatzema les dades necessàries —queden codificades tant les diferents alternatives com la informació sensorial del passat— per poder canviar la decisió final. Els humans, en canvi, continuen entestats a pensar que canviar de partit, d'opinió o de camisa és una mena de traïció imperdonable. En temps de crisi, amb tot, l'única sortida pot ser canviar d'opinió, de lloc o de feina. Si fins i tot la matèria canvia d'estructura, per què no hauria de ser normal canviar d'opinió?

El regal de viure

No som conscients de les coses més òbvies. Si en fóssim, ens plantejaríem la vida de manera diferent. Posaré un exemple per il·lustrar la necessitat de canviar de perspectiva en algunes qüestions fonamentals.

Entrar i sortir de la vida constitueix una peripècia gairebé sempre dolorosa i, en tots els casos, molt arriscada. El fetus és dins l'úter en un entorn temperat, protegit de la llum i el soroll; sent els sons de la mare i el batec del seu cor. Està molt a gust. I, de sobte, tot canvia cap a pitjor. Surt bramant d'espant.

Si preguntessin al nadó què és la vida contestaria, per descomptat, que el biòleg de la NASA Ken Nealson tenia raó: «La vida és una equivocació. Tingueu sempre present», aconsellava als membres del seu equip encarregat de buscar vida al planeta Mart, «que si descobriu alguna cosa molt estranya o insòlita val la pena parar-se a analitzar-la perquè podria ser vida».

I què podem dir de la sortida de la vida? Mentre els físics discuteixen sobre l'existència del temps, la resta dels mortals col·leccionen les empremtes que demostren que el temps existeix: els cabells blancs a partir d'una determinada edat, la menopausa o la pèrdua progressiva de l'energia sexual, les malalties degeneratives i, al final, un ictus benèvol que ofusca la mirada, els gestos de la cara o els moviments del cos.

La sortida d'aquest món de quatre dimensions no és menys dolorosa i incerta que l'arribada. Ni l'una ni l'altra són fàcils d'assimilar.

Just en l'endemig hi ha l'esplendor de la vida exterior: la bellesa dels colors, que no són a l'Univers sinó a la nostra retina; la sofisticació de la vida microbiana, amb les seves competicions incessants, que les nostres grans dimensions ens impedeixen copsar en tota la riquesa; la immensitat del firmament, amb les pluges d'estrelles, tan grans com el Sol, que la nostra mida massa petita no ens permet percebre... Entre l'arribada i la sortida també hi ha l'esplendor de la vida interior: l'absència de por, que és un arravatament perquè floreixi l'assossec i la felicitat; els instints morals innats, que porten a col·laborar amb despreniment, quan no preval l'egoisme utilitari; l'instint de fusió irreprimible amb un altre organisme a la recerca d'empara —els mecanismes de l'amor—, que condueix a la construcció del niu, i l'equilibri fascinant —quan els factors d'agressió cel·lular, com la contaminació, no superen el poder regenerador de les pròpies cèl·lules— que manté viva la comunitat errant de cèl·lules que som...

Per descomptat, no té perdó de Déu que alguns homínids, amb les seves idees equivocades i els seus actes violents, converteixin l'entreacte esplendorós de la vida en una etapa no menys abrupta i dolorosa que l'arribada i la sortida turmentades. El gran canvi que hauríem de fer és adonar-nos precisament que hi ha vida abans de la mort.

El poder de l'entorn

Al maig del 2008 vaig passar uns dies a la Universitat de Harvard amb el biòleg i antropòleg Richard W. Wrangham. Quan no és a Harvard, Wrangham és a Uganda estudiant els primats més pròxims a nosaltres, com els ximpanzés i els bonobos, al mateix lloc on ho feia la primatòloga Jane Goodall, que de petita adorava els ximpanzés. De gran no va deixar d'estimar-los, però va haver de comprovar i digerir que els ximpanzés —amb els homínids— eren els únics mamífers que convivien pacíficament en grups de mascles i, de sobte, sense saber ben bé per què, podien assassinar sense pietat membres d'altres grups.

Els bonobos són els altres primats més pròxims a nosaltres. La seva semblança, també insòlita, té dos vessants. En primer lloc, manifesten un tarannà juvenil i, de vegades, còmic. Els agrada riure i fer riure. Continua sent un misteri el perquè d'aquesta jovialitat. La segona semblança és menys incomprensible: el sexe ens torna bojos, però als bonobos, molt més.

Si he de ser sincer, hi ha tres qüestions fonamentals que encara no hem sabut resoldre, potser perquè l'estudi científic dels ximpanzés al seu medi es va iniciar molt tard, cap a mitjan segle passat. Els tres misteris, molt fàcils d'enunciar i molt difícils de desentranyar, són: la violència i l'agressivitat —tempestuosa i innata—, la tolerància i l'amabilitat de què els humans fan gala d'un temps ençà incansablement i, finalment, per què els bonobos són més eròtics que nosaltres. En tota la resta som molt semblants. Un indici de resposta pot venir de la importància dels canvis. Vegem-ho.

És interessant descobrir les ramificacions socials dels grans debats científics. Després d'haver discutit durant dècades sobre la importància relativa de la natura o dels gens enfront de l'entorn —*nature versus nurture*, en la terminologia anglosaxona—, ara s'ha descobert que els humans violents poden inhibir l'agressivitat, o expressar-la d'una altra manera, quan canviem l'entorn.

Avui sabem que si es prenen les mesures adequades perquè els mascles no hagin de matar per aconseguir menjar o sexe, poden deixar de fer-ho. Els llops domesticats durant vint o trenta generacions acaben tenint les mandíbules d'un gos i el caràcter d'un animal domesticat. La supressió gradual de la poligàmia —que és a l'arrel de les diferències de comportament de gènere i de la violència en els estaments socials més pobres i exclosos del sexe— redundaria potser en societats menys predadores amb la dona. El que ens ensenya la biologia és que val la pena intentar modificar les característiques de l'entorn i la gestió de les emocions per evitar que s'imposin els impulsos biològics, sobretot quan són com-

Els humans, els ximpanzés i els bonobos s'assemblen molt.

pulsius i agressius. No serveix de res descobrir les causes de la violència més espantosa si no es prenen mesures per evitar els infanticidis o la violència de gènere.

Durant segles, s'ha intentat descobrir el que torna dolentes les persones. S'ha preguntat a filòsofs, poetes, dramaturgs i estudiosos de tota mena, que han arribat a moltes respostes diferents. Molts volen creure que les persones neixen bones o dolentes, com si una línia divisòria col·loqués les persones a una banda o a l'altra.

Carcellers i ximpanzés

El psicòleg Philip Zimbardo va créixer en un barri pobre de Nova York, i està convençut que l'entorn pot modelar les persones i fer que els bons siguin dolents. Per demostrar-ho va dur a terme un experiment esgarrifós el 1971. Va agafar setanta-cinc estudiants voluntaris i els va tancar en una presó. Va triar de forma aleatòria els que serien carcellers i els que serien reclusos. Es tractava de bons nois, estudiosos i molt *hippies* la majoria, i tots sabien que participaven en un experiment. Però l'entorn els va convèncer i el segon dia els carcellers havien assumit el seu paper, tenien la certesa que els presos eren perillosos i que calia controlar-los. Al seu torn, els reclusos creien que estaven empresonats de debò.

Els carcellers van començar a maltractar els reclusos i la cosa se'ls va escapar de les mans, convençuts que els presos eren persones perilloses, fins al punt que l'experiment es va haver d'interrompre molt abans del que tenien previst. Zimbardo va confirmar així la seva teoria: vivim en institucions com la família, l'escola, l'exèrcit o la policia en què ningú no ens diu que ens portem malament, sinó que ens donen unes regles. Ens assignen un rol, veiem els altres exercint-lo i els volem agradar. Així un comença a fer coses que potser no encaixen en la seva moral, però que tothom fa.

Altres científics, com el primatòleg Richard Wrangham, als treballs del qual he al·ludit més amunt, també han dut a terme investigacions que confirmen la influència de l'entorn en la conducta. Wrangham ha descobert que a l'Àfrica els ximpanzés de l'oest es comporten d'una manera diferent que els de l'est. No deu ser impossible, llavors, dissecar cognitivament l'evolució de les conductes diferenciades dels ximpanzés per detectar les raons ecològiques i socials del comportament menys infanticida, menys territorial, menys depredador i agressiu.

En comptes de lamentar que els nostres avantpassats fossin violents en extrem —com nosaltres abans que ens domestiquéssim una mica—, posem fil a l'agulla per crear els estímuls ecològics i socials per al canvi. Si hi hagués un exèrcit que aïllés els depredadors de la resta, hi hauria menys violència?

Canvis en la identitat social

Resulta senzillament sorprenent que els antropòlegs i els psicòlegs no avaluïn fets tan singulars com la solidaritat sobtada entre partidaris d'equips rivals com l'Athletic de Bilbao i el FC Barcelona. O, més sorprenent encara, la simpatia suscitada en aficionats del Reial Madrid, i no sols del Barcelona, per una figura com l'entrenador Pep Guardiola. O l'abast de la desconsideració envers valors tradicionals com l'amor a la monarquia o a l'himne nacional. S'ha d'estar cec per no adonar-se que el futbol reflecteix senyals de transformacions profundes en la societat.

Espanya es caracteritza per un interès idèntic al que es dóna en altres països per analitzar el comportament individual, unit a un desinterès sorprenent —en això som diferents d'altres països veïns— per aprofundir en la identitat social dels grups, els mòbils de la conducta col·lectiva, quins són els valors gregaris en decadència i quins els que triomfen. Es continua furgant en els paràmetres sexuals, estètics, laborals o morals de les persones en les consultes dels experts, però ningú o molt pocs intenten analitzar les transformacions que tenen lloc en col·lectius com els gallecs, els andalusos, els catalans o el conjunt dels espanyols.

Què passa amb el que els experts anomenen identitat social? Quines idees s'estenen i quines desapareixen? Ja que no tenim estudis, ni que sigui preliminars, que indiquin la naturalesa del que som ara, en comptes del que érem abans, ens haurem de basar en indicis i posar una cura especial —a l'hora de buscar les causes dels fenòmens— per no atribuir a dos fets merament coincidents una relació causal entre l'un i l'altre.

És sorprenent que els antropòlegs i els psicòlegs no avaluïn fets tan singulars com la simpatia que desperta Guardiola, fins i tot entre alguns seguidors del Reial Madrid.

Richard Wrangham assegura que els humans som molt tranquils i que els canvis que ens prepara el futur portaran a una domesticació creixent de l'espècie. Segons ell, els mascles humans ens hem feminitzat molt i només podem esperar que aquest procés continuï intensificant-se als pròxims segles.

Les demostracions de solidaritat inusitada entre col·lectius futbolístics que continuen sent adversaris semblen donar suport a aquesta mena de teories o suggeriments, com els del psicòleg Steven Pinker, que assegura que ens estem allunyant dels patrons d'agressió i acostant als de convivència. Som menys agressius i més altruistes del que érem abans.

En el mateix sentit apunta un altre canvi encara més transcendental dels temps moderns: l'alliberament sexual i social de la població femenina. Els científics constaten que, gràcies a això, sabem posar-nos més fàcilment al lloc de l'altre i que l'aprenentatge emocional és tan necessari com l'acadèmic.

Variacions en l'entramat social

No és difícil preveure que en pocs anys canviarà l'entramat de les relacions socials: entre mestre i alumne, en el si de la parella, dins les xarxes socials refermades per la distància, entre caps i subordinats, entre amo i animal domèstic. I ho farà per tres raons bàsiques que comencen a aflorar, però que la majoria no ha volgut veure encara.

En primer lloc, estem a punt de constatar que ni les dones, ni els homes, ni els nens, ni els animals —domèstics o no— són nostres. Fins fa poc la gent estava convençuda que una dona era propietat del marit, que els marits pertanyien a dones determinades, que un podia apallissar els fills perquè eren inqüestionablement una propietat, i el mateix passava, per descomptat, amb els gossos i els gats, tant com amb els ocells domesticats, que no tenien més amo que el que, de tant en tant, els alimentava.

Ara resulta que ni tan sols la llei no defensa aquestes posicions tan arrelades en la majoria dels països. La propietat privada i el consegüent domini s'exerceixen sobre els objectes, però no sobre els organismes vius, per sort. L'assimilació progressiva per part de les societats modernes del canvi a què em refereixo ja té repercussions visibles en la vida diària, en què es va consolidant el respecte als marges de llibertat de l'altre en la parella, la disminució en els nivells de maltractament als nens, paral·lela a la revelació creixent i escandalosa d'abusos sexuals a infants. Quant als animals, és reveladora la creixent polèmica relativa a la prohibició legal d'esports relacionats amb animals als països on aquests esports es practiquen.

La segona instància de canvis inevitables en les relacions socials al segle XXI és ben diferent. Arrenca de la comprovació científica que els fàrmacs no són l'única via per posar remei als estats negatius que ens afecten, com la depressió o la infelicitat, sinó que hi ha altres camins que tenen a veure amb canvis en la manera de pensar, d'actuar o de comportar-se.

Moltes vegades no ens calen nous fàrmacs per sobreviure, sinó maneres diferents d'organitzar-nos. Es tracta d'una actitud del tot nova, revolucionària i plena de promeses que té relació amb la recentment descoberta plasticitat cerebral.

La meva experiència individual —exercicis aeròbics, descobrir el secret del que em fa gaudir i no del que m'afligeix, moviments o disciplines noves com la música— incideix de forma directa en la meva estructura cerebral, en la manera d'estar amb mi mateix i amb els altres. Poder contribuir mitjançant canvis de conducta a la generació de noves neurones i de noves connexions equival a dir —en contra del que es pensava fins ara— que es pot incidir en el creixement cerebral.

No és veritat que a partir d'una certa edat o de malalties determinades ja no puguin prosperar noves neurones o reflexos. El moviment continu és un dels puntals de la nova teràpia. No és tant l'exercici físic —que també— com el moviment. Caminar, moure els braços, jugar al dòmino o a cartes, tocar un instrument, submergir-se en la lectura o en una relació personal. No parar. Això ho hem après també del món de l'inconscient. La diferència entre la ceguesa o la visió d'un objecte quiet rau en el nombre de moviments sacàdics que els mecanismes visuals són capaços de traduir en impactes neurals. Anem cap a societats més actives, no menys, com es diu tantes vegades.

Finalment, els metges, els psiquiatres i els psicòlegs seguiran amb un interès creixent l'impacte innovador de les xarxes socials, del conglomerat de les seves interaccions i aprenentatges recíprocs, que a penes hem començat a percebre. L'entramat social serà diferent.

Transformació cultural

Després d'haver analitzat els principals canvis en la identitat social, val la pena aturar-nos a veure què passa en el pla cultural.

Segons sembla, les investigacions més recents indiquen que la cultura és l'únic atribut que ens distingeix de la resta dels animals; no és que ells no tinguin cultura, sinó que la nostra és diferent. La cultura dels humans es caracteritza per l'efecte trinquet, és a dir, no preveu la marxa enrere ni l'oblit, i tot el nostre coneixement és acumulatiu.

Per què val la pena reflexionar sobre els canvis que es produeixen en la cultura? Senzillament, perquè estan transformant la nostra vida en una mesura molt més gran que altres canvis, com el climàtic o l'aparició de la Xina com la primera potència mundial; encara que no ho sembli.

Què és de debò nou i transcendental en matèria cultural? En primer lloc, la irrupció de la ciència en la cultura popular, ja ho he dit en diverses ocasions. De vegades, ciència aplicada a la vida quotidiana, com rentar-se les mans i desinfectar la roba; i altres vegades, ciència d'investigacions de laboratori, com els antibiòtics. Totes dues han triplicat l'esperança de vida. Disposem de quaranta anys de vida redundant en termes biològics i, per tant, per primera vegada en la història de l'evolució comencem a explorar si hi ha vida abans de la mort i, si n'hi ha, a gaudir-ne. Fins fa ben poc, tothom estava obcecat únicament a saber si hi havia vida després de la mort.

El segon canvi excepcional consisteix a haver après que no només podem canviar la cultura, sinó també els sistemes educatius i les estructures cerebrals. El famós experiment dels taxistes de Londres ha permès comprovar que l'experiència individual pot afectar l'estructura dels mecanismes mentals. Resulta que el volum de l'hipocamp dels taxistes de Londres és més gran (en un grau significatiu) que el de la mitjana dels conductors britànics. Per què? Simplement perquè per saber-se tota la guia de carrers de Londres fa falta estar-se tres anys exercitant la memòria.

Per primera vegada en la història de l'evolució, la ciència ens demostra que som amos de nosaltres mateixos. Per aconseguir-ho, quina és l'àrea o el moment per actuar? Això també ho sabem, gràcies a un experiment efectuat a la Universitat Colúmbia, a Nova York, del qual he parlat en l'itinerari anterior i que ens ha alertat sobre la importància transcendental del període que va des del ventre de la mare fins als set anys d'edat. Durant vint anys s'ha seguit el comportament de nens a qui s'havia sotmès a l'escola a proves de control de les emocions. Els que havien resistit i sabut gestionar-les van aconseguir, de mitjana, més equilibri en l'etapa adulta. Sisplau, no descuidem aquest període d'I+D, tot pagat, que va des del naixement fins als set anys. I no sols sabem això. La majoria dels organismes internacionals ara poden aconsellar que la millor opció per rebaixar els índexs de violència de les societats del futur és la introducció de l'aprenentatge social i emocional en la més tendra infància. Ocupar-nos d'aprendre a gestionar un aspecte del qual no ens havíem ocupat mai: les nostres emocions bàsiques i universals.

I, per si fos poc, ja s'ha perfilat el consens a escala mundial per a la imprescindible reforma educativa. Caldrà aprendre a gestionar la diversitat característica del món globalitzat en comptes d'ocupar-nos només d'inocular continguts acadèmics a les ments infantils. Disposem de les xarxes socials per contrastar parers i cultures diferents gràcies al suport digital, que ens permet relacionar disciplines dispars. Sense això, la innovació és impossible.

Petits canvis per viure millor

Feu una prova amb mi: poseu-vos un llapis de través a la boca aguantant-lo amb les dents. Intenteu parlar, si podeu, amb el llapis a la boca. El més probable és que els altres no us entenguin i que se us en riguin, i vosaltres amb ells. Es tracta d'un experiment senzill per demostrar que un lleuger canvi en un costum, com portar o no portar un llapis a la boca, acaba per incidir en el caràcter o la naturalesa d'una persona. El llapis tenallat per les dents obliga l'intèrpret a fer gestos semblants als que fa quan riu: no només l'emoció actua sobre el gest, sinó que també és veritat al revés. A còpia d'anar per la vida rient, s'acaba gaudint del riure i un se sent més feliç.

Un altre exemple més transcendent el trobem en un centre europeu d'ajuda a la integració d'immigrants. Unes mares nouvingudes del nord d'Àfrica que portaven el nicab, una indumentària que oculta el rostre femení sota un vel fosc, molt semblant al burca, complicaven innecessàriament les tasques de confraternització a les seves col·legues europees perquè no les podien reconèixer. Les africanes primer van aprendre a confiar, en veure que es complia la promesa: a les reunions només hi havia dones. Una vegada es va haver creat el vincle entre totes, va aparèixer el desig de poder saludar-se pel carrer. De reconèixer-se. Es va trobar una solució natural, sense fer soroll, un canvi que els va transformar la vida i les va millorar. Van prioritzar la relació amb els altres sense enfrontar-se amb les creences que els recomanaven tapar-se la cara d'alguna manera. La seva opció va ser continuar portant el gran mantell que els cobreix el cos, però deixar l'oval de la cara lliure i utilitzar per anar pel carrer i estar en públic unes ulleres de sol grosses i modernes. Podien saludar-se amb les seves noves amigues i ser respectuoses i respectables, tot alhora. No aprofitem prou el recurs de modular o modificar determinats esquemes organitzatius per aconseguir canvis estructurals o de més abast.

En els dos casos esmentats aconseguim incidir en el caràcter d'una persona acostumant-la, senzillament, a riure's d'ella mateixa en un exemple i a deixar que una variació petita en el vestir deixi aflorar el sentiment de l'amistat sense trencar una convicció religiosa en el segon cas.

Voleu un altre exemple fascinant? He pogut conèixer personalment a Nova York el cas d'un hotel des de l'últim pis del qual moltíssims suïcides no van poder resistir la temptació de posar fi a la seva vida. N'hi va haver prou de construir una petita barana amb una alçada que impedís tirar-se daltabaix perquè no hi hagués més suïcidis. Un percentatge elevadíssim dels que no van cometre suïcidi després van acabar renunciant a la trista idea. És el que el psicòleg Thomas Joiner anomena «restricció de mitjans». Es tracta de posar impediments, com la barana de l'hotel de Nova York, que no sols eviten que una persona amb intencions suïcides es mati, sinó que sembla que provoquen una inversió de la balança en la seva ment, i la inclina cap a la vida. Hi ha estudis molt bons que han dut a terme un seguiment de suïcides al pont Golden Gate de San Francisco. Concretament centrat en persones amb la intenció de saltar però a les quals es va poder impedir que ho fessin. Se'ls va fer un seguiment durant dècades i més del 95% encara eren vius. Joiner està convençut del poder dels canvis: en aquest cas, un canvi en aparença petit pot evitar molts suïcidis.

Reconsideracions necessàries

Per què no reconsiderem amb esperit crític interessos adquirits i situacions heretades que, per utilitzar l'expressió més benèvola, són si més no rars? Tant que s'ha parlat de consum energètic i la conseqüent producció de gasos amb efecte hivernacle i canvi climàtic, per què no aprofitem per revisar costums antics i arrelats que es justifiquen difícilment en el món que s'acosta?

A veure. Quants dels meus lectors són conscients que gastem ni més ni menys que el 40% de tota l'energia en el transport i que el 80% d'aquest volum de transport és per carretera? Només el 20% restant és transport per ferrocarril, marítim o aeri.

Si volem fer alguna cosa en favor de la felicitat de la gent i el canvi climàtic, és molt difícil oblidar —ho fan moltíssims governs, com ara el nostre— que la meitat del transport per carretera que acabem de quantificar en percentatges es fa utilitzant vehicles privats.

Ens hem fixat alguna vegada en l'enorme perjudici que causen els cotxes nous amb els quals somiem quan ens fiquem al llit cansats? En primer lloc, fem servir el cotxe per a recorreguts inferiors a sis quilòmetres de mitjana, la qual cosa permet imaginar que no seria difícil trobar-hi substituts nets, com la bicicleta o el metro.

En segon lloc, són aterridores les estadístiques sobre el temps que passem tancats, gairebé hermèticament, als cotxes que conduïm en ciutats congestionades per l'excés de trànsit. Algú s'ha parat a pensar en el volum de dolor causat pels accidents de trànsit?

El consum d'energia en la indústria es de només el 20%. El podem oblidar. L'altre 40% el consumim en edificis, amb tota la seva parafernàlia d'aires condicionats i calefacció, que concentren la meitat d'aquesta despesa.

Gastem el 40% de tota l'energia en el transport i el 80% d'aquest volum en el transport per carretera.

Deixem als polítics el detall de les mesures que podrien prendre's per mitigar el canvi climàtic, estalviar energia o pal·liar el dolor de les situacions produïdes per l'estructura del consum esmentat. L'estalvi, tant com l'augment de la felicitat dels ciutadans, generat per reformes mínimes, no és gens menyspreable. Des del carrer —i emparats per la incorporació de la ciència i el seny en la cultura popular—, qui negaria la conveniència de desviar part del transport exagerat i contaminant per carretera al ferrocarril electrificat?, qui negaria la necessitat de no subvencionar la compra de cotxes —com es fa—, quan el que interessa és més aviat dificultar-ne, com a Londres, l'accés al centre de les ciutats?, qui negaria que cada grau de variació de temperatura per sobre de 21 °C representa augmentar el consum energètic en un 7%?, qui necessita tenir la casa a més de 25 °C, ni que sigui durant l'hivern més cru?

Hi ha qui és partidari de no fer res, mentre que la resta —jo crec que la gran majoria de la gent del carrer— considera que ha arribat el moment de canviar d'opinió.

El qüestionament constant de la ciència

Sisplau, si sentiu un científic afirmar que el que ell ha demostrat és irrebatible, i si veieu que no vacil·la a enunciar els principis de la termodinàmica o les bases genètiques de la conducta humana, podeu estar segurs que es tracta d'un impostor, algú tan dogmàtic com el més fanàtic dels homes i que, per descomptat, no segueix el mètode científic.

La ciència es caracteritza perquè qüestiona fins i tot principis tan bàsics com l'existència d'una altra vida després de la mort o la mateixa existència divina. Però, per sobre de tot, el que caracteritza la ciència és que no para de qüestionar-se a si mateixa tota l'estona. I de desdir-se.

Els exemples més recents del que dic s'han donat en relació amb dos òrgans o mecanismes tan bàsics de l'existència com el cervell i el genoma.

El cervell ha deixat de ser, de sobte, l'objecte més sofisticat de l'Univers i s'ha convertit en un subproducte bastant imperfecte de l'evolució. És més, ens pensàvem que consumia ni més ni menys que el 20% de l'energia total disponible per aprofundir en el coneixement del món exterior, quan acabem de constatar que, amb tota probabilitat, es passa gairebé tota l'estona fent una activitat que ens ha fet famosos als humans per fer-ho rematadament malament: predir el futur.

L'altre exemple del qüestionament constant de la ciència dels seus propis descobriments té a veure amb el genoma humà, que comprèn tot el material genètic de l'espècie. Resulta que només una petita part forma gens; la resta té molt poca activitat. Però hi ha més. Si s'hagués volgut confondre el personal respecte als gens —aquesta mena de suport intergeneracional del secret de la vida—, difícilment s'hauria pogut fer millor. El vell principi que el gen se servia d'un esclau missatger (l'ARN) per fer proteïnes —el primer maó de la vida— s'ha ensorrat. El missatger fa el que vol, o gairebé. De simple missatger, res de res. Científics com el genetista Thomas Gingeras han descobert que la primera molècula que es va formar va ser l'ARN, no l'ADN. De manera que les primeres formes de vida possiblement es van formar a partir d'aquesta molècula. La biologia s'ha centrat durant anys en l'ADN, en el seu paper central i fonamental, i es va oblidar de l'ARN. Ara Gingeras reconeix que s'estan descobrint noves funcions d'aquesta molècula. I és que la informació que hi ha a l'ADN pot anar en dues direccions: pot fabricar l'ARN perquè es formin les proteïnes, els enzims i els fonaments de les cèl·lules, però també pot fer que l'ARN treballi perquè compleixi una funció per si mateix, com si fos una molècula funcional a imatge i semblança de les proteïnes.

Abans es pensava que l'ADN era l'únic encarregat de transmetre el secret de la vida. Ara es veu que també l'anomenada epigenètica hi té un paper fonamental. L'epigenètica és l'estudi de les modificacions en l'expressió dels gens que no es troba en la seqüència de l'ADN, i aquestes modificacions són heretables.

La novetat és que ara hem descobert com actua l'entorn sobre l'ADN, per quins mecanismes queden marcades en els gens les experiències viscudes. Hi ha fets en l'àmbit biomolecular que no tenen res a veure amb la molècula de l'ADN pròpiament dita, però que també codifiquen algunes característiques heretades. Una dieta o un entorn determinat, no sols els gens, poden marcar l'ADN durant diverses generacions, cosa que constitueix un veritable sacrilegi en el debat biològic. És molt útil considerar el cas dels bessons: comparteixen un genoma idèntic, però l'alimentació, l'estrès i altres circumstàncies ambientals del seu desenvolupament poden fer que es diferenciïn entre ells fins al punt que un pateixi una malaltia i l'altre no. L'ambient deixa marques químiques en l'ADN i les seves histones, les proteïnes sobre les quals s'enrotlla per empaquetar-se en cromosomes. Marques que determinen l'activació o el silenci de l'expressió dels gens sobre els quals es troben.

Un exemple irrebatible és el que ofereix una mena de puça d'aigua. Quan es veu amenaçada per depredadors, li creix una mena de muralla defensiva que reapareix en els seus descendents si són fecundats en aquells moments de temor. Un altre exemple increïble té a veure amb les preferències de les rates a l'hora d'aparellar-se: detesten fer-ho amb mascles els avis dels quals hagin estat inoculats amb un determinat fungicida. Les femelles sembla que trien la parella en funció d'una estructura epigenètica, no d'una diferència genètica.

És clar que els gens són molt importants, però els gens per ells mateixos no fan res; es tracta d'una molècula profundament relacional que només aporta alguna cosa en el context cel·lular. El que converteix l'ADN en una molècula viva és el seu dinamisme i les seves interrelacions. Com ha manifestat el metge i assagista Lewis Thomas: «El meu fetge és molt més llest que jo; m'estimaria més pilotar un jumbo abans que dirigir el meu propi fetge». Hauria de tenir en compte massa variables. Els gens són només una part de la història.

Modificar la ment

Encara que no siguem estàtics, solem pensar que una vegada assolida la maduresa de l'edat adulta ens convertim en éssers relativament estables. El cervell humà està dissenyat per fer-nos creure que ens conservarem semblants a nosaltres mateixos al llarg de la vida. Aquest miratge ens ajuda a sobreviure: pensar en un mateix com en un ésser uniforme, que no varia gaire, és tranquil·litzador i en aparença ens fa la vida més fàcil. Però la gent subestima fins a quin punt el cervell i el jo es poden modificar.

El rentatge de cervell no és més que un exemple extrem d'aquest fenomen, un cas cridaner en què es produeix un canvi bastant radical en un període relativament curt de temps.

El rentatge de cervell és un procés en dues fases mitjançant el qual s'eliminen creences ja arxivades abans d'instaurar-ne de noves. La primera fase es pot aconseguir amb tot un arsenal de tècniques: electroxocs, drogues o fàrmacs, entre altres. Introduir noves creences, amb tot, és un procés molt difícil.

Quins són els requisits perquè una nova convicció sigui conseqüència del rentatge de cervell? En primer lloc cal que hi intervinguin fortes emocions. En general, la creença es forma basant-nos en la informació que ens envolta, i gran part d'aquesta informació procedeix de fonts externes, per exemple, altres persones. De manera que perquè una convicció sigui el fruit d'un rentatge de cervell resulta útil que hi hagi molta gent al voltant que digui el mateix, sense que ningú la contradigui. Així, la realitat es convertirà en el que aquesta gent assegura.

Un exemple d'això és el que va passar a Jonestown, una comunitat que va començar com una missió cristiana fonamentalista i aïllada, a la selva de la Guyana, i que va desembocar en el suïcidi col·lectiu dels gairebé mil membres. Els integrants de la secta no tenien accés als mitjans de comunicació. Només el seu líder, Jim Jones, controlava la informació. La influència del poder polític com a font d'adoctrinament i de rentatge de cervell també és palmària.

El psicòleg social Stanley Milgram va dur a terme una investigació que demostra una cosa esgarrifosa. En certes situacions, dos terços d'un grup de persones poden exhibir un comportament molt cruel, simplement perquè acaten una autoritat, sense oferir gaire resistència al que els manen. Aquests resultats varien molt quan les persones a qui se'ls ordena que siguin cruels veuen la víctima o quan s'introdueix en l'experiment algú que contradiu l'autoritat vigent.

Com podem defensar-nos d'un rentatge de cervell? Hi ha diferències individuals quant al grau de susceptibilitat i la facilitat amb què es poden creure coses estranyes. Tot i que no s'acaba d'entendre amb exactitud quins factors hi intervenen, hi ha pistes: és molt més difícil inculcar idees en algú amb creences fortament arrelades.

En la jardineria trobem una metàfora: és més fàcil dissenyar un jardí que sigui com una jungla que modificar-ne un altre de prèviament organitzat, amb roques i plantacions ordenades. La clau pot raure en l'educació, tot i que hi ha qui pensa que aquest és, de fet, el millor exemple del rentatge de cervell. Si el que preval en l'educació són els interessos de l'educador que pretén formar un ciutadà agradable i dòcil, les acusacions de rentatge de cervell són procedents. Allò oposat a educar d'aquesta manera seria inculcar en l'alumne el pensament crític, ajudar-lo a pensar per ell mateix i, de forma inevitable, a ser una mica escèptic. Els millors sistemes educatius, com el britànic, utilitzen aquesta fórmula. Jo la prefereixo a altres models menys crítics.

Itinerari 8

Les causes del desemparament actual

En què s'assemblen un tigre agressor i un embús de trànsit

És molt important saber el que li passa a la gent per dins, però encara és més important i vital descobrir el que la preocupa més de tot això que li passa. Què angoixa la gent?

Un dels nostres grans problemes actuals és l'estrès. Tendim a creure que l'estrès el provoca l'excés de feina i la falta de temps, però quan comencem a furgar descobrim que aquesta no és la raó, que les raons de l'estrès són unes altres.

La neurocientífica Sonia Lupien assegura que el cos humà reacciona de la mateixa manera quan tenim un tigre al davant que se'ns vol cruspir que quan estem atrapats en un embús i se'ns destrossen els nervis. Cada vegada que el cervell detecta algun factor que suposa una amenaça, sigui per al nostre temps o per a la nostra vida, genera les hormones de l'estrès per aportar-nos l'energia necessària per combatre aquesta amenaça.

Després de trenta anys d'investigació científica, Lupien ha descobert que perquè una situació provoqui estrès ha de reunir quatre característiques. La primera és la novetat, la segona és la impredicibilitat, la tercera és la sensació que no controlem en absolut la situació i la quarta és que ha de representar una amenaça per a la nostra personalitat. Com més característiques es compleixin, més acusat serà l'estrès que experimentem, encara que no totes les persones el pateixen de la mateixa manera. Els nens i les persones grans, per exemple, són molt més vulnerables a l'estrès perquè tenen el cervell més sensible a les amenaces.

L'Organització Mundial de la Salut prediu que l'any 2020 la depressió relacionada amb l'estrès crònic serà la segona causa d'invalidesa al món. I si ja no hi ha dinosaures o mamuts que ens amenacen, per què passa, això? Doncs perquè ara els factors estressants són relatius, com diu Lupien, la qual cosa vol dir que generem una resposta d'estrès si estem exposats a situacions noves, impredictibles, que no controlem, i aquestes sí que abunden ara. El que s'hauria d'aconseguir, segons aquesta neurocientífica, és mantenir l'estrès a ratlla, que no desaparegui del tot perquè té una part positiva: una vida sense gens d'estrès no seria una vida feliç perquè significaria que no tenim reptes per superar. Els experts consideren que el correcte és viure amb una mica d'estrès, però ben entès: el que ens fa moure per assolir un objectiu, amb el nivell just, ja que és bo per a la supervivència, i perquè a més estimula la memòria. El que no és bo i cal saber detectar a temps per lluitar-hi en contra és l'estrès crònic, el que es prolonga en excés i acaba afectant de forma negativa la memòria i l'aprenentatge.

Així, segons Lupien, és útil saber que l'estrès crònic es desenvolupa en tres fases diferenciades, fàcils de reconèixer: la primera és quan l'estrès comença a cronificar-se. Un dels primers símptomes és que la digestió canvia i l'estómac comença a no funcionar-nos de manera regular. Alguna cosa no rutlla.

Però els problemes poden seguir. A més de trastorns digestius, el cos dóna altres pistes que haurien d'ajudar a reconèixer que alguna cosa no funciona. En algun moment, el cervell demanarà alguna cosa bona. És com si digués: «He treballat moltíssim aquests dies, necessito algun premi». En aquest punt hi ha qui pot beure més alcohol del compte. D'altres, fumar més. O d'altres, en canvi, començar a prendre més gelats... qualsevol cosa que agradi es començarà a consumir més, perquè el cervell necessita una recompensa per calmar-se. Aquesta seria la segona fase, segons Lupien.

La tercera fase, en canvi, comença quan ens posem malalts i quan ens veiem obligats a medicar-nos per combatre els efectes i les seqüeles de la repetida activació del sistema de resposta a l'estrès. Es poden patir problemes de memòria, canvis en la personalitat, amb mals humors sobtats, i aquí és quan pot aparèixer la sensació d'estar cremat i la depressió.

Saber en què consisteix l'estrès realment i saber detectar les diferents fases de l'estrès crònic és l'única manera de començar a ferli front amb èxit.

Estadístiques per a la vida real

Un home que s'acaba de casar a Las Vegas es desperta a mitjanit, veu una fitxa de cinc dòlars a la tauleta de nit, baixa al casino i posa la fitxa al número 17 de la ruleta. Surt el seu número i guanya cent setanta-cinc dòlars. Posa els cent setanta-cinc dòlars al número 17 una vegada i una altra fins que aconsegueix gairebé un milió de dòlars. Al final decideix apostar per última vegada. Ho perd tot! Torna a l'habitació de l'hotel. «Com t'ha anat?», li pregunta la dona. I ell respon: «Només he perdut cinc dòlars».

La línia divisòria entre la psicologia i les matemàtiques és incerta. El cervell té dues perspectives diferents, una de guanys i pèrdues i una altra de l'activitat real.

Un altre exemple de la dimensió psicològica dels números és l'efecte ancoratge, la tendència que tenim a quedar-nos fixats en un número quan ens l'ensenyen. Per exemple, si es pregunta a la gent quants milions d'habitants té Turquia, però abans se li demana que digui si són més o menys de cinc milions, la majoria

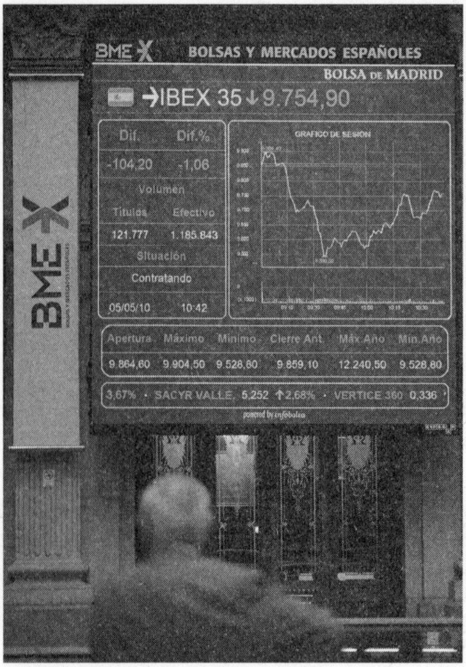

Si una persona inverteix en borsa, fa tot el possible per confirmar la seva decisió i convèncer-se que ha fet el que és correcte.

donarà xifres que oscil·len al voltant dels vint milions. Si preguntem el mateix a un altre grup i li demanem que digui si són més o menys de dos-cents quaranta milions de persones, la majoria suggerirà una mitjana pròxima als cent vuitanta milions. Tant és el número que donem, el càlcul que fem sempre serà pròxim a aquesta xifra inicial. Aquesta inclinació pot ser utilitzada de manera tendenciosa o fins i tot enganyosa per a benefici propi en presentar certs temes a l'opinió pública. Però de vegades són les persones les que s'enganyen a si mateixes perquè no accepten considerar idees contradictòries de forma simultània; els agrada creure que tot confirma les seves creences. Quan es prenen decisions, se solen tenir dubtes; però quan la decisió està presa, es busquen motius que donin suport a l'opció elegida i s'ignoren les dades contràries. Moltíssima gent s'ha arruïnat a la borsa a causa d'aquesta desviació enganyosa. Si una persona inverteix en accions, una vegada pren la decisió fa tot el possible per ratificar-s'hi i convèncer-se que és una bona inversió. Fins i tot es poden menystenir els senyals d'alerta que puguin emetre la companyia on hem invertit o el mercat.

Predir el futur

Hi ha la tendència a creure que les estadístiques donen informació molt poc útil per a la vida real perquè no s'interpreten correctament. És molt més probable morir d'una malaltia del cor o de càncer que d'un atac terrorista, però la gent menja, beu i fuma amb despreocupació i té por de ser víctima del terrorisme.

És molt més probable morir d'una malaltia del cor o de càncer que d'un atac terrorista, però la gent menja, beu i fuma despreocupadament i té por de ser víctima del terrorisme.

Hi ha moltes persones que estan angoixades de debò pel futur. Això es pot veure en diversos àmbits: per exemple, quan dues empreses es fusionen molts dels seus treballadors es pregunten què els passarà, què passarà amb els seus llocs de treball, i fins i tot acudeixen als horòscops buscant respostes. És una paradoxa, perquè des de la ciència es pot predir el creixement de les ciutats en el futur, quan es produirà un terratrèmol o la volatilitat del mercat de valors i, amb tot, no podem predir el nostre propi futur. Les equivocacions en els pronòstics sobre l'amor són un cas emblemàtic. Som incapaços de calibrar el benestar que ens produirà una persona o un objecte anhelat. Hi ha raons genètiques que ho expliquen. Sobreestimem l'alegria que ens produirà la consecució d'un gran amor o la compra d'un cotxe. També tendim a exagerar el perjudici que ens ocasionarà en el futur una desgràcia personal, per dolorosa que sigui. De mitjana el procés d'adaptació a la nova situació la farà més suportable del que ens puguem imaginar quan passa la desgràcia.

A la feina hem pogut constatar moltes vegades que l'augment de sou d'un company no comporta l'alegria esperada si altres col·legues s'han beneficiat d'un augment de sou més gran. A la gent li importa el que guanya el veí, no només els ingressos propis. Per això no podem pronosticar adequadament el benefici esperat. Així mateix, tendim a posar molt alt el llistó que considerem adequat per a una vida agradable tan bon punt hem aconseguit la primera fita. A partir de llavors ja no n'hi ha prou amb el nivell anterior, de manera que el PIB pot anar pujant sense solució de continuïtat sense que augmenti el nostre grau de benestar. Els primats socials som així.

John Allen Paulos, professor de matemàtiques a la Temple University de Filadèlfia, confirma que sempre és més fàcil fer prediccions sobre un grup que sobre un individu. Si s'estudien molts objectes o persones juntes, es pot arribar a unes conclusions generals, però el que interessa a la gent no és això, sinó el seu futur personal concret o el de la seva família. Això és molt més difícil de predir perquè hi ha variables diferents que poden alterar-ho tot. L'estadística és una ciència molt poc útil per a la vida real. La nostra forma de comportament és tan abstracta i emocional que fa que l'estadística no pugui fer llum sobre els nostres problemes individuals.

Joves i gent gran davant la crisi

En la història de l'evolució resulta que la bandada recorre sempre als joves per liderar el grup en temps de crisi. El psicòleg social Mark van Vugt assegura que a l'època dels nostres avantpassats es recorria als líders més joves en situacions d'incertesa, quan hi havia nous reptes per afrontar, perquè les generacions més velles no eren capaces d'enfrontar-se amb el problema.

Com és lògic, l'experiència dels anys causa en els grans la sensació que poden preveure els esdeveniments; saben —perquè els ho ensenya la repetició d'esdeveniments del passat que han tingut temps de viure— que causes semblants ocasionen conseqüències previsibles. Ara bé, una crisi, si és una crisi de debò, és imprevisible. Els cignes negres desconcerten perquè els cignes són blancs.

El 1973 va esclatar la primera gran crisi energètica. Es va disparar el preu del petroli, cosa que va provocar una de les crisis financeres més greus de la modernitat. El Banc d'Espanya va decidir que havia arribat el moment d'exercir la seva missió objectiva de controlar l'oferta monetària; és a dir, la quantitat de diners en circulació. Per primera vegada va sermonejar els banquers i els va comminar a observar diferents coeficients: a partir de llavors, de cada cent pessetes rebudes del públic haurien de guardar a les arques internes un percentatge determinat, equivalent a un coeficient de caixa o liquiditat.

Es tractava d'una interferència inconcebible en el passat. Aquestes mesures van irritar tant els banquers de llavors —tots ells grans i de sexe masculí— que ens van demanar als joves nouvinguts que fóssim nosaltres els que intentéssim entendre'ns amb els directius del Banc d'Espanya. Va passar el mateix a tots els bancs, de manera que un grup de joves professionals es va trobar amb la responsabilitat de gestionar amb les autoritats monetàries com es podria controlar l'oferta monetària sense treure les coses de mare.

Com és lògic, a la gent gran no li agrada enfrontar-se amb centres de poder desconeguts. I l'autoritat monetària de llavors era un nou centre de poder.

Quina altra cosa detestem la gent de més edat? Travessar el riu si hi ha corrents. La tendència de la gent gran és la de quedar-se quieta fins que passi la crisi. En temps agitats és millor no moure's, diu el pensament heretat. Aquest és un codi que no serveix en les crisis modernes; és un codi dels morts que va servir potser en el passat, però no avui dia.

El fet que la bandada hagi de recórrer al lideratge dels joves en temps de crisi, cedir-los la brúixola i el disseny de l'estratègia no implica, necessàriament, prescindir dels actius que la gent gran conserva.

Vegem alguns d'aquests actius innegables. Hi ha experiments neurològics molt recents que han posat de manifest que amb l'edat millora la comunicació entre els dos hemisferis cerebrals, que funcionen, en la pràctica, com dos cervells separats. Aquesta millora en la transmissió d'informació entre els dos hemisferis vol dir, simplement, que les persones grans continuen disposant de més informació i dades, encara que no els vingui de gust arromangar-se i passar el riu. També tenen altres dots que l'edat no debilita, sinó que reforça. Els agrada explicar històries. No els sap greu repetir-les. I els nens no es cansen d'escoltar-les una vegada i una altra. Ara bé, això és molt important en la vida moderna. El paper positiu dels avis en les societats que han triplicat la seva esperança de vida i incorporat la dona als processos de producció és patent i inestimable. Són els únics que tenen prou temps per suggerir als nens com expressar-se, pensar, somiar, predir i imaginar el futur en uns moments, precisament, en què la ciència descobreix la singularitat i la transcendència de la tendra infància per a la vida adulta.

Decisions: raó o cor?

Ara que sabem per què es tendeix a elegir els joves en temps d'incertesa, ens podem fixar millor en com es comporta la gent en temps de crisi. Quan una crisi dura més del normal, ens permet estudiar els mecanismes de presa de decisions, ja que la gent no es comporta igual que en temps menys moguts.

Durant una crisi es tendeix a decidir més amb el cor que amb la raó. Per què?, us demanareu. Per una raó molt senzilla. En temps de crisi es té la impressió que ja no es disposa de tot el temps necessari per sospesar els factors a favor o en contra d'una decisió.

Cal decidir de pressa, perquè el veí ja s'ha declarat en fallida; la borsa no canvia i cada vegada està pitjor; totes les funcions a mitjà termini —com reproduir-se o pensar en la jubilació— s'aparquen per a després, per a més tard, quan ja hagi passat la crisi. En aquestes condicions, el cor es converteix en l'amo i senyor dels nostres actes.

Quan no hi ha temps per raonar, sempre ha funcionat millor el cor que la raó. És més, la raó només intervé quan hi ha temps per ponderar les coses. Si sento de sobte el soroll estrany d'un autobús que em pot atropellar perquè no m'he adonat que el semàfor estava vermell, salvo la pell saltant a la vorera gràcies a l'amígdala —la gestora de les intuïcions— i no a la raó.

La incertesa que caracteritza les èpoques de crisi —ningú no sap, ni per descomptat els governs, quan comencen o acaben— fa minvar els recursos propis; convenç la gent que ha perdut part del poder que tenia per saber el que es feia.

La pèrdua de poder de l'ego és una de les condicions ben sabudes per generar ansietat, i l'ansietat provoca més estrès. I ja sabem que l'estrès excessiu propicia la pèrdua de control del projecte en què treballem. Les decisions preses en aquest context seran menys encertades.

Coses que he desaprès

Tard o d'hora haurem d'introduir l'assignatura del desaprenentatge com a disciplina escolar. Abans que els meus àtoms perdin la cohesió —això és el que els meus amics físics em diuen que passa quan ens morim—, vull llegar a les nétes les coses que, al llarg de tota una vida, he pogut desaprendre. Són molt més importants que les que he après.

La primera consisteix a acceptar senzillament que moltes qüestions, la gran majoria, en realitat, encara no tenen resposta. No ho sabíem quan es va encetar la transició a la democràcia. La temptació de buscar explicacions sobrenaturals o violentes és molt gran quan no es té la humilitat necessària per a aquest desaprenentatge. La pandèmia de la grip, per exemple, és un cas molt il·lustratiu: en no acceptar que no sabem predir l'origen i el desenvolupament de les pandèmies, caiem en la recerca d'explicacions que inclouen grans conspiracions.

Una altra cosa que he desaprès, gràcies a Déu, és que l'important no és saber si hi ha vida després de la mort, sinó abans. «Is there a life before death?», deia el grafit gargotejat al metro de Nova York, que no he oblidat mai. Hi ha vida abans de la mort?, es preguntava algú amb molt d'encert al començament de la dècada dels seixanta. Aquesta és la pregunta que els ciutadans i els polítics haurien de formular-se ara, quan la crisi capgira costums i hàbits arrelats.

Amb Susana Martínez-Conde, directora del laboratori de neurociència visual que porta el seu nom a l'Institut Neurològic Barrow, a Phoenix, Arizona, també vaig descobrir una altra cosa que s'ha de desaprendre. M'havien enganyat quan intentaven convèncer-me que la solitud i l'aïllament són la situació ideal per innovar pensant. Si no hi ha acció, si no es produeix moviment —encara que sigui minúscul—, el cervell s'encongeix, l'hipocamp disminueix, el cos es redueix. El nombre de neurones s'estanca amb la falta d'activitat. Quan un cervell es relaciona amb un altre, neix la intel·ligència social, i són, precisament, les interrelacions establertes entre els dos cervells el suport que sustenta la complexitat necessària perquè es produeixi la innovació. Sense estudiar ni treballar l'Univers seria més petit i la vida no hauria aparegut. I per això vaig pensar en els joves *ni-nis* —els que *ni* estudien *ni* treballen.

M'havia dit a mi mateix: «Eduard, no pot ser que, amb tot el que ens suggereix avui la irrupció de la ciència en la cultura popular, siguis incapaç d'oferir als *ni-nis* alguna cosa que els serveixi, en comptes de l'insult o el menyspreu. Ha d'haver-hi alguna cosa, fonamentada científicament, a què puguin agafar-se per millorar o explicar la seva situació». Doncs bé, m'ho va donar Susana Martínez-Conde, i m'agradaria transmetre-ho tal qual a les meves nétes i als *ni-nis*. La frontera entre la ceguesa i la visió quan algú mira un objecte quiet la perfila el moviment, l'acció intensa de meandres oculars inconscients, l'impacte del que s'anomenen moviments sacàdics, que es correlacionen amb estructures d'activitat neural. Al contrari de nosaltres, els ulls de les granotes no practiquen els moviments sacàdics: les granotes no perceben una mosca solitària enganxada a la paret, llevat que es mogui. El mateix pot passar a alguns *ni-nis* a còpia de ni moure's, ni estudiar, ni treballar.

Els orígens del desconcert

Encara que un no vulgui deixar-se portar per l'onada imperant de pessimisme, és difícil no aprofundir en les causes del desemparament que senten avui moltes persones. I és perfectament possible que les causes que adduïm per explicar l'origen del desconcert no siguin les veritables.

No es tracta que tot d'una ens hàgim quedat sense diners. Tampoc no és el desdeny envers la tecnologia ni les poques ganes de treure el màxim profit d'ordinadors i programes. Es diu sovint que ni els empresaris, ni les associacions professionals ni els sindicats estan a l'altura d'una societat preocupada per la innovació. I és veritat que n'hi ha prou de pensar en sectors concrets, com l'immobiliari o el sindical, per trobar-hi a faltar l'empenta necessària per modernitzar el país. Però fins i tot en aquests sectors s'han produït avenços significatius i els problemes que han tingut tampoc no són a la base de la crisi. Finalment, s'al·ludeix sovint al fet que som pèssims avaluadors de projectes tant industrials com socials.

Quines són, doncs, les raons profundes que les coses vagin tan malament, avui? Quines són les causes reals i no les esmentades més sovint? Diversos experiments científics han posat de manifest les correlacions, quan no les relacions de causalitat, entre l'esforç i l'èxit subsegüent. S'ha pogut comprovar fins i tot en el pla individual: l'èxit d'un esportista famós o d'un personatge conegut, un actor, un cantant o l'amo d'una gran multinacional depèn, en bona mesura, de l'esforç que hagi fet per obtenir-lo. Avancem cap a societats que requereixen dosis més elevades d'innovació i esforç individual del que estàvem acostumats.

En segon lloc, ens movem pel que els experts anomenen motivacions extrínseques. Si constatem que professions com les enginyeries o les científiques ofereixen un gran reconeixement social i compensacions econòmiques, ens hi acostem. Això és el que van fer els EUA, primer, i el Japó després. Ara bé, quan s'aconsegueix el que es pretenia, la tendència vocacional tendeix a reflectir nous gustos, com els idiomes o la filosofia.

Una altra fal·làcia que posen de manifest les investigacions més recents és que no es tracta tant de deficiències escolars —que n'hi ha— com de carències familiars importants. Qui pot negar-ho en el cas del malestar espanyol? Aquestes carències —desestructuració familiar, desconeixement de la gestió emocional, etc.— exacerben la contradicció entre la necessitat de personalitzar l'educació per millorar-la i la necessitat d'abaratir els costos de les institucions per poder gestionar-les.

Savis moderns

Per què les persones que han patit formulen preguntes amb més freqüència als que vivim en un núvol? Per què ens demanen a nosaltres precisament les receptes del benestar?

El concepte de saviesa ha canviat. El que ara dóna una certa confiança a la gent és constatar la familiaritat amb els processos emocionals implicats en la felicitat, de molts dels quals es pot mesurar la intensitat. Però no és això el més significatiu. Abans eren savis els que sabien molt de llatí o gairebé tot sobre la suposada vida sobrenatural. Els savis moderns són gent implicada en el pensament metafòric, que hem après a desgranar fa a penes quaranta mil anys.

El savi modern està més familiaritzat també amb l'estudi de la vida abans de la mort —que n'hi ha, realment, encara que ja hem dit que hi ha molta gent que no s'ho creu— que amb la hipotètica vida després de la mort. També són experts a experimentar en detall les tesis plantejades perquè són, en definitiva, partidaris que la ciència penetri en la cultura popular. Els savis d'avui són molt més modestos que els del passat, i la gent se sent inclinada a confiar-hi quan es pregunta sobre els factors personals que poden ajudar-la a sobreviure.

La gent que viu aclaparada per innombrables problemes avui compta amb alguns senyals als quals aferrar-se enmig del vendaval. Ja ho he dit moltes vegades i no me'n cansaré: és imprescindible aprendre a gestionar les emocions pròpies. Fer l'impossible per exercir un cert control sobre la vida pròpia. Ser conscient de la importància comparativa de les relacions personals en l'entramat vital. Fa falta un determinat grau de resistència i perseverança en el compliment dels objectius que un s'ha fixat. I el que els psicòlegs anomenen vocació per submergir-se en el flux, sigui de l'amor, de la feina o de l'entreteniment.

Hem après, a més, que el benestar no es pot comprar. A mesura que augmenta el nivell de riquesa —i la gent ja es pot posar com vulgui— també s'incrementa el desassossec provocat per l'ampliació del ventall a l'hora de triar, ja ho he explicat. La infelicitat no és el resultat del mercat, com es creu tan sovint, sinó de la falta de transparència d'aquest mercat i la consegüent corrupció. Que ho preguntin, si no, a tants defraudats i aturats per culpa dels especuladors del sector de la construcció que van vendre pisos a preus exorbitants.

Preguntes repetides

Gràcies a les moltes converses que tinc i he tingut amb persones diferents m'he adonat que hi ha tres preguntes que es repeteixen amb molta freqüència, que preocupen la gent, i per aquest motiu intentaré oferir algun indici de resposta.

En primer lloc, hi ha moltes persones que s'interroguen sobre com es pot aconseguir l'equilibri a la Terra quan el nombre d'habitants creix sense parar i ens organitzem amb un sistema econòmic que no busca l'equilibri, sinó el creixement constant. És paradoxal que, en termes d'eficiència, sistemes econòmics tan diferenciats com el dels Estats Units i el dels països escandinaus hagin aconseguit resultats semblants quant al benestar col·lectiu. És molt probable que sobreestimem el paper exercit pels sistemes polítics. Per al benestar del planeta té més importància la formació individual.

Un exemple: alguns autors anglesos del segle XIX estaven convençuts que els fems de cavall que inundaven els carrers de Londres acabarien interrompent el creixement econòmic. Ara ens sembla una preocupació absurda. Tradicionalment hem exagerat la capacitat destructiva de la civilització i infravalorat l'impacte positiu de la tecnologia.

El significat de l'equilibri social no és difícil d'imaginar, el que resulta ardu és materialitzar-lo; com es pot arribar a assolir enmig de tanta desigualtat? És difícil de dir. Des de la revolució liberal anglesa del segle XVII només hi ha dos models alternatius per al desplegament econòmic i social. El món anglosaxó va optar per desblindar l'Estat i posar-lo en igualtat de condicions que el ciutadà comú. Aquest model ha portat a la cultura de la protecció dels drets individuals enfront de la intervenció de l'Estat.

La resta del món, en canvi, ha estat més preocupada per la desigualtat social. Portats a un extrem, tots dos models poden emparar abusos: en el món anglosaxó, la defensa de les llibertats individuals a ultrança ha obstaculitzat, de vegades, la universalització de les prestacions socials, com ha passat amb la sanitat als Estats Units. Als antics països comunistes, amb tot, la recerca a ultrança de la igualtat social va desembocar en l'eliminació de la cultura dels drets individuals.

La segona pregunta que la gent formula sovint és: quan es frega la quarantena, no és massa tard per aprendre a gestionar les emocions: ràbia, ira, ressentiments, orgull...? Hi som a temps de fer-ho?

En ciència no es pot oblidar que el que és veritat d'una mitjana pot no ser-ho d'un individu. Factors com l'anomenada resiliència, l'experiència individual o el grau de plasticitat cerebral poden alterar els resultats a favor de l'individu. D'altra banda, no és fàcil que el cervell de la gent gran estigui més obert que el dels nens. A més, són comptats els mètodes dels quals disposem: focalitzar l'atenció, treballar en equip, solucionar conflictes de manera innovadora i, sobretot, gestionar les emocions bàsiques i universals.

L'última qüestió que inquieta molta gent és quina és la predicció que els científics fan sobre el futur del planeta. És tan determinant l'acció de l'home com els canvis en les condicions físiques?

No es pot subestimar l'impacte que té el desenvolupament de les lleis físiques i de l'evolució. El planeta Terra és una senyora que comença a tenir anys, ja ho hem dit. Res ni ningú no pot impedir l'acceleració de la velocitat d'expansió de l'Univers, que, amb moltes probabilitats, esborrarà del firmament les estrelles que ara l'il·luminen. Tampoc no sembla més clar del que ho estava abans que hi hagi un propòsit o una finalitat en l'evolució. Com em va dir un científic ja desaparegut, i un gran amic: «Eduard, no és veritat que avancem cap a un món millor». Probablement per a això haurem de canviar de món.

Itinerari 9

Sols davant l'Estat

De debò som iguals davant la llei?

No hi ha cap bèstia més grossa ni més ferotge que l'Estat que hem creat entre tots. Ens en podem riure tranquil·lament de les multinacionals més poderoses o de països tan cofois d'ells mateixos com Rússia o els Estats Units. Són veritables pigmeus, comparats amb l'Estat que gestiona més de la meitat de tots els serveis i productes generats en el nostre àmbit, a més de tenir els mitjans per vigilar i efectuar un seguiment impecable de tota la resta: sospirs, projectes, productes i somnis.

És terrorífic constatar que la majoria de la gent es passa la vida intentant protegir-se d'amenaces que són risibles —els veïns, el soroll, un desamor—, comparades amb el poder omnipresent de l'Estat.

Estem disposats a acceptar allò innegable, que l'Estat i el ciutadà no són iguals davant la llei, que el pitjor que ens pot passar és tenir l'Estat en contra, ni que sigui per error i durant una estona? La culpa no és d'un personatge ressentit o d'un partit polític antiquat. És de tots, els d'ara i els que ens han precedit en la construcció d'un Estat blindat i mil vegades més privilegiat amb relació al ciutadà.

La idea semblava inofensiva. Els nostres avantpassats nòmades no el necessitaven per a res. Va ser als primers assentaments agrícoles que se'ls va acudir la idea de donar a un funcionari prou poder per guardar i multiplicar els primers excedents generats, fa uns deu mil anys.

Va ser justament llavors que vam encarregar a algú que s'ocupés de guardar els aliments al rebost de la comunitat, de la seguretat als carrers, de les escombraries i de les fronteres, fronteres que, igual que els ximpanzés, vam dibuixar molt de pressa on no hi havia res. Doncs bé, per estar segurs que no ens faltava l'essencial vam anar creant el Ministeri de l'Habitatge, per aïllar-nos del fred; el de Defensa, per protegir-nos d'altres tribus; el d'Agricultura, perquè tinguéssim aliments i n'importéssim si feia falta; el d'Obres Públiques, per protegir els rius i construir carreteres en el si de la comunitat creixent de ciutadans; el d'Educació, per inculcar a la ment dels nens i els joves les doctrines heretades. Es van fer ministeris de tot, fins d'Esports.

Aquell poder incipient de custodiar els primers actius col·lectius es va anar transformant, a poc a poc, en un poder subjugador. Fins al punt que avui l'Estat està blindat i el ciutadà està indefens: et pot ficar a la presó abans que sàpigues de què t'acusa, bloquejar-te el compte corrent o confiscar-te el cotxe si considera que està mal aparcat.

Un poder desconsiderat

Aquell Estat té, avui, un poder omnímode i desconsiderat que li permet bloquejar un compte bancari i fins i tot la pensió sense donar cap explicació. És el ximpanzé més fort de la tribu i, si li ve de gust clavar cops de peu a l'última mona en l'escala jeràrquica, ho pot fer i després —si a la pobra mona li queden ganes per enfrontar-se amb aquest enemic— defensar-se als tribunals especials que ha muntat i finançat amb aquesta finalitat mitjançant advocats del mateix Estat. El ciutadà, és clar, ha de buscar-se els seus.

La més gran de totes les desigualtats és la desigualtat de l'Estat i dels ciutadans enfront de la llei comuna. El primer intent seriós per posar remei a aquesta injustícia va ser la revolució liberal del segle XVII a Anglaterra. La primera revolució realment social en la història de l'evolució. A partir de llavors, el Rei i els ciutadans serien iguals davant la *common law*.

Els espanyols pertanyem a la categoria de col·lectius als quals tradicionalment i històrica ha preocupat molt més la diferència de classes i la injustícia social que les llibertats individuals. Es perdona malament als rics i empresaris l'ostentació i el greuge comparatiu, mentre que els funcionaris públics poden difondre secrets, practicar escoltes, propagar infàmies i moltes altres trapelleries concebudes per abusar del poder. A mesura que es va anar perfeccionant la gestió de projectes individuals i empresarials en el sector privat, es va descobrir que elevar els graus d'eficiència per sobre d'un índex ja prou elevat generava costos insuportables. Si vols que el percentatge d'avaria d'una aspiradora disminueixi del dos a l'u per cent, el cost pot ser massa alt perquè valgui la pena augmentar de tan poc la qualitat.

Els dispendis econòmics de l'Estat

Aquest principi no ha estat acceptat encara en el sector públic, en particular en els sistemes judicials i fiscals, on es continua perseguint la injustícia fins a uns extrems de pretesa eficàcia que provoquen costos intolerables. A Hisenda, rebaixar la xifra d'1 per mil a 0,75 per mil dels que eviten pagar impostos per fer una conferència pot suposar un cost tan elevat, que és més rendible acceptar que alguns no pagaran per aquest concepte. Abans de vint anys, fins i tot en països com el nostre, s'abordaran les reformes perquè disminueixin tant els abusos contra les llibertats individuals per part de l'Estat com els copiosos dispendis econòmics que genera aspirar a certs graus d'eficiència. Jo ja no hi seré quan això passi i no l'hi digueu a ningú, sisplau, que ho havia anticipat quan encara estava mal vist i gairebé ningú no se'n queixava. Com diu el psicòleg Howard Gardner, quan una idea és fàcilment acceptada és que no és creativa; segons aquest criteri, la meva ho és.

El que em sembla increïble és que a ningú no se li hagués acudit abans crear el Ministeri d'Igualtat. Que no s'hagi reclamat a cada moment des que ens vam fer gregaris, fa deu mil anys, constitueix un d'aquells errors evolutius monumentals, com enamorar-se durant centenars de milers d'anys dels malucs, en comptes de l'amplària, invisible a primera vista, de la pelvis.

Per desgràcia, no es va crear un Ministeri d'Igualtat perquè vetllés per la més preuada de totes, però es va marcar un camí que van seguir la Gran Bretanya i, més tard, els Estats Units. Són els dos països on l'Estat no està més blindat que el ciutadà enfront de la llei. Hi ha qui diu que el Ministeri d'Igualtat a Espanya només s'ocupa de les desigualtats entre homes i dones. Potser serà així al començament, però la meva aposta és que, a mesura que el nou ministeri avanci en la lluita contra el depredador masclista i aconsegueixi reduir la desigualtat i el maltractament de gènere, s'adonarà que l'amenaça d'abús de poder i de violència és encara més cruel i il·limitada quan el delinqüent té a la seva disposició tot el poder coactiu de l'Estat. Eliminar aquesta injustícia serà la gran tasca dels pròxims deu mil anys.

Els problemes dels serveis socials

Al març del 2008, quan José Luis Rodríguez Zapatero va guanyar les eleccions generals, em van demanar des de diferents sectors que suggerís al nou president del Govern el que jo faria en el seu lloc.

En aquell moment ja vaig dir que, si fos per mi, per descomptat, no li escriuria cap carta; senzillament, perquè no he cregut mai que el que jo pensi, ni el que pugui pensar molta altra gent, pugui influir en les decisions polítiques dels pròxims quatre anys.

En comptes d'escriure una carta al futur president del Govern vaig suggerir amb humilitat als altres ciutadans que impulséssim un moviment d'opinió centrat a prendre consciència d'un fet que, per desgràcia, no ha fet forat ni en els governs ni en l'opinió pública. L'allargament de l'esperança de vida —un fenomen sense precedents en qualsevol altra espècie al llarg de l'evolució— ha posat de manifest un dèficit colossal i insuportable en l'oferta de serveis socials, sobretot per a la gent gran, que ja són la immensa majoria en països com Espanya.

L'allargament de l'esperança de vida ha deixat al descobert un gran dèficit dels serveis socials.

D'altra banda, la necessària universalització de serveis com l'educació, la seguretat ciutadana, la sanitat i l'oci ha col·lapsat les estructures de l'Administració de l'Estat, que tampoc no és capaç de garantir-los als joves. En el pitjor dels casos, aquesta universalització ha comportat un descens aclaparador de la qualitat i, en el millor, de la comoditat; l'atenció sanitària que es rep ara és pitjor que abans i el temps d'espera, interminable.

Quina solució hi ha? Reduir de forma dràstica la despesa sanitària i augmentar de manera decisiva les inversions en mesures preventives. Per què no ens ocupem de millorar la dieta dels ciutadans, que se'ls redueixi l'estrès laboral i que facin exercici físic? Una petita inversió en cadascun d'aquests camps tindria un impacte gegantí en les despeses sanitàries.

L'Estat sol no pot garantir l'oferta educativa adequada, sobretot considerant que cal emprendre reformes imprescindibles de cara als pròxims anys. Sobren els exemples dels dèficits intolerables en el manteniment de la seguretat individual i col·lectiva; han quedat compromesos no només els nivells de confort, sinó també la qualitat de l'atenció sanitària, fins i tot en aquelles autonomies que presumien de ser models a seguir. Patim un dèficit galopant de despeses de manteniment i no tant d'inversió. És un dèficit biològic, arran de la triplicació de l'esperança de vida, que ens afecta a tots a causa de la universalització necessària dels serveis bàsics.

Qui controla la nostra vida?

Què és el que li importa a la immensa majoria? El seu benestar depèn —és el que revelen els millors estudis acadèmics— del fet de poder exercir un mínim control sobre la seva vida i la seva feina. No el Govern, ja ho he dit, sinó ells mateixos.

A la majoria li agrada saber que no tot és a les mans de la maquinària administrativa o corporativa. L'última de les caixeres en un supermercat se sent millor si els clients li pregunten i ella pot ajudar-los a triar un producte. Així té la sensació que la seva feina serveix per a alguna cosa i que controla, almenys, una part de tot l'assumpte. El mateix s'aplica al món de les empreses: els executius funcionen millor com a equip si se senten partícips d'un projecte.

L'estament polític i administratiu centra els esforços a aconseguir aquest objectiu? O més aviat fa tot el contrari? Es diria que l'única ocasió en què s'ocupen de la majoria és quan poden penalitzar-la controlant, cada vegada més, els moviments d'una minoria fins a no deixar-la ni respirar. Limitar la velocitat de circulació en determinats trams a vuitanta quilòmetres per hora, després a seixanta i després, just quan s'inicia una baixada que obliga a frenar, abans que el radar de control enregistri la infracció, a quaranta; perquè és el que se li ha acudit a un dèspota disfressat d'especialista en circulació. I després un altre cop a seixanta!

Si es donessin les circumstàncies adequades, la meitat dels professionals amb un lloc de treball serien dones. Avui, en què el nombre de diplomades ja supera el nombre de diplomats. Però encara ens trobem ben lluny que això sigui així. Les dones que han aconseguit un lloc de treball continuen desemparades per culpa d'un sector públic que no es decideix a invertir sumes importants en guarderies infantils i centres pedagògics. La classe política, es proposa ser més compassiva amb la infància i la joventut? O és més aviat al revés? El discurs polític prefereix, al contrari, fomentar l'odi de classe i alimentar mitjançant informació manipulada el dogmatisme històric.

D'aquí a molts pocs anys, les malalties mentals constituiran ja el primer factor de preocupació social, però, en comptes d'introduir de manera massiva punts de suport psicològic oberts al públic, es prefereix ignorar la informació disponible sobre les depressions o el suïcidi, que continuen sent temes tabú per a la majoria dels afectats. Per perseguir les pràctiques corruptes es prefereix teatralitzar els casos de corrupció als tribunals especials creats a propòsit, en comptes d'aplicar mesures de prevenció, sanejament i informatització del sistema judicial en conjunt. Què és més urgent? Què demana la immensa majoria? El manteniment de tribunals especials com en temps de la dictadura o la creació de centres modestos, però especialitzats, en què neuròlegs, mestres i terapeutes atenguin el públic?

Per a la majoria de la gent és important tenir la sensació que controla una mica la seva vida; que pot deixar, confiada, els fills mentre les mares s'incorporen a la feina; que es vetlla per disminuir els índexs de violència generalitzant l'aprenentatge social i emocional. En canvi, a la classe política sembla importar-li controlar les infraccions d'una minoria, encara que sigui a costa de dificultar els moviments de la majoria.

No seria més convenient dotar les generacions futures de les competències necessàries perquè sàpiguen focalitzar l'atenció, resoldre conflictes, gestionar la diversitat d'un món globalitzat, ajudar-los a millorar els mecanismes de presa de decisions, educar el cor dels ciutadans i no sols la seva ment?

Funcionaris i ministres: un binomi complicat

No és el mateix dedicar-se a la biologia molecular que exercir de veterinari, de cosmòleg o d'home del temps.

Els funcionaris, en canvi, sovint s'obliden que la seva preparació és més idònia per a determinades funcions que per a d'altres. Hi ha hagut excel·lents ministres de Justícia, de Defensa, de Transports i d'Educació. Però hi ha una especialitat —la veritat és que només en conec una— que hauria d'estar vetada als funcionaris: l'economia. Per força ho han de fer rematadament malament —encara que siguin bons professionals— per les raons següents. L'economia funciona bé o malament segons la fase del cicle econòmic: expansió, estancament i recessió. Els períodes en què se succeeixen aquestes fases varien, però n'hi ha sempre! I si no que ho preguntin als milions de persones que ara s'han quedat sense feina. La teoria i la pràctica dels cicles econòmics ha estat una de les qüestions més estudiades en economia. I la política econòmica que s'aplica depèn de la fase del cicle.

Des que hi ha el Banc Central Europeu, les funcions dels ministres d'Economia s'han reduït de manera dràstica.

Gairebé res no depèn del ministre d'Economia, sobretot des que hi ha una política monetària i un Banc Central Europeu. El problema continua sent el mateix que fa cent anys: de sobte, el nivell de preus i ingressos d'un país es dispara amb relació als altres. Què es pot fer en aquests casos? Anivellar-los de nou alterant el tipus de canvi o bé —si no pots devaluar la moneda perquè formes part d'una unió monetària— comprimir senzillament el nivell de preus i ingressos: restriccions creditícies, fiscals i atur, fins que el nivell de preus i ingressos dels altres països es posin a la teva altura.

Els economistes d'això en diuen procés d'ajustament. Els ministres d'Economia no hi pinten res. Fa uns anys podien decidir si devaluaven la moneda o rebaixaven els tipus d'interès. Avui, aquestes decisions les prenen els bancs centrals. Els ministres i els presidents de Govern han d'anar repetint als quatre vents que la culpa és dels altres països i que la solució vindrà del seu èxit a l'hora de convèncer-los perquè prenguin les decisions adequades. De què serveix ser molt bon funcionari en un context tan internacionalitzat?

La segona raó per la qual un bon funcionari no hauria de ser ministre d'Economia és que en política i en diplomàcia és molt important saber esperar el bon moment. Però en la vida econòmica el més important és anticipar-se als esdeveniments. Esperar un minut de més pot suposar a l'inversor perdre tots els estalvis. Cal haver viscut moments com aquest per ser ministre d'Economia.

Molts empresaris els han experimentat. Un bon funcionari no sap què és perdre una fortuna per no haver actuat a temps. I sempre arriben massa tard perquè els seus actius mai no s'han vist minvats per no haver-se adonat a temps del que passava.

Finalment, la política suposa intuir i conèixer les persones; saber predir-ne el comportament; calibrar els ressorts altruistes o, al contrari, egoistes de la gent que ens envolta. Un bon polític, com un bon funcionari, ha de tenir un bon olfacte per donar a cadascú el que li pertoca. En economia passa just el contrari, i per això mai no s'hauria de nomenar un bon funcionari ministre d'Economia. L'economia suposa manejar la política monetària, i perquè funcioni ha de ser indiscriminada i automatitzada. Quan els tipus d'interès pugen, pugen per a tothom. Si no, és que algú fa trampa; l'eficàcia de la política monetària depèn del fet que cap ministre acostumat a interferir interfereixi.

Fa falta més ciència en política

Els antropòlegs defineixen el que ells anomenen identitat social per fomentar la lleialtat envers el propi grup com «el sentiment de pertànyer a un col·lectiu social (equip, tribu o país) que ens sedueix i que percebem de manera molt positiva, més que no pas d'altres grups i el que aquests ens puguin oferir». Per què no tenim en compte més sovint les conclusions científiques, que són el resultat de molts anys d'estudi, intel·ligència i comprovacions efectuades?

Ara comencem a obtenir els primers resultats d'experiments sobre els lideratges en la història de l'evolució. Qui va aparèixer primer, els seguidors o els líders? Han canviat de forma perceptible les qualitats i els defectes dels líders? Sempre han estat elegits o han estat imposats al marge del que en pensaven els seguidors? Quin ha estat el pes del sexe en la condició de líder o cap? Qui mana ara, si és que mana algú?

Tothom deu voler conèixer els primers resultats d'aquesta recerca i investigació, però —amb tota seguretat— els accionistes i els directius d'empreses més que ningú.

El psicòleg social Mark van Vugt diu que hi ha pocs dubtes que el primer que es va formar va ser la bandada, és a dir, el grup de seguidors. I quan el grup ja estava constituït els nostres antecessors van abordar l'àrdua tasca de designar un líder o cap. El curiós és que no escollien un líder únic, sinó diversos líders per a tasques concretes. Així, hi havia el que dirigia la caça, el responsable de les batalles..., és a dir, no tenien un sol líder per a tot. No va ser fins que van néixer les societats agrícoles que la comunitat va començar a tenir un líder únic que s'encarregava de satisfer les noves necessitats que van néixer de l'abundància de recursos.

És important constatar la transcendència que la gent dóna al que podríem anomenar la consciència social; és a dir, la idea de pertinença a un grup, col·lectiu, bandada, nació o país, el col·lectiu social a què ja m'he referit.

La importància del grup

Als científics —ben al contrari dels literats— no els ha importat tant la consciència social com la individual. Diversos premis Nobel avalen aquesta tesi. Ara s'adonen, no obstant això, de les tremendes implicacions que té que un individu decideixi pertànyer a un grup. L'important és que l'individu en qüestió percebi que es troba a gust en el col·lectiu elegit. Ara bé, al llarg de l'evolució, aquest sentiment pot canviar, i canvia. Avís per a navegants.

Hi ha estudis que indiquen que es prefereix els homes per liderar els conflictes d'interessos entre col·lectius, com pot ser una guerra.

És evident que fa dos milions d'anys els caps eren elegits pels seus seguidors, perquè se suposava que d'algunes coses en sabien molt més que els altres. S'era elegit per gestionar un domini en particular. Fa uns dotze mil anys aquesta situació va canviar de forma radical amb la consolidació de les societats agràries. La generació d'un excedent econòmic va induir a la imposició d'un cap no tant perquè sabia com administrar un excedent, sinó perquè sabia com obtenir-lo. Els rics van crear la noblesa i la reialesa, i d'aquí sortien els caps, que manaven amb sensibilitat o despòticament, segons el seu tarannà. Aquesta situació va durar fins fa menys de quatre segles, en què va irrompre el pensament científic per oposició al dogmàtic o revelat. Des de llavors s'ha iniciat un retorn gradual als cànons del passat, en el sentit que es busca qui en sap més d'una cosa i els seguidors tornen a elegir-lo.

Tot i que no sempre és així. Molt sovint continua manant gent que en sap molt menys que els seguidors i que no han estat elegits. Ara bé, es comprova que quan algú mana sense el consentiment d'una bona part dels seguidors, la cosa no rutlla.

I què passa amb el gènere? Els experiments efectuats indiquen que es prefereix els homes quan es tracta de gestionar interessos entre col·lectius diferents, com pot ser la guerra, el territori, o si hi ha un conflicte entre organitzacions o entre grups. Això entronca amb la idea ancestral del guerrer que probablement en el passat era el líder més resolutiu per a aquesta mena de situacions. Per això és molt difícil que les dones accedeixin a càrrecs de responsabilitat en aquests àmbits, sobretot si han de ser elegides expressament. Es prefereixen les dones, en canvi, quan es tracta de dur a terme negociacions en el si dels grups: repartiment de tasques o gestió de subgrups. Elles estan més ben preparades des del punt de vista evolutiu per resoldre conflictes personals dins la família, l'àmbit laboral, la comunitat o el país.

En canvi, quan tot va bé, es confia més en els adults madurs. El curiós és que en tots dos casos les equivocacions són rares. En gairebé el 80% la gent l'encerta a l'hora de fiar-se d'algú. No s'equivoca, i per això reacciona amb molta virulència quan sí que passa.

La cohesió nacional

La importància que els antropòlegs donen a la identitat social també és interessant per iniciar una reflexió sobre la cohesió nacional qüestionada pels sentiments autonòmics.

No sembla que ni el Govern ni l'oposició tinguin raó quan amenacen que la solució dependrà del que dicti l'Estat central si no s'arriba a un acord. El que han demostrat els diversos estudis efectuats és que el col·lectiu corre el risc de desmembrar-se si no hi ha prou ciutadans que se sentin més feliços amb la percepció extremadament positiva que tenen del país al qual pertanyen que calculant la inversió que ja han fet o deixant-se temptar per millors condicions ofertes per altres països.

Què demostra la ciència que, prenent-ho com a punt de partida, pugui ajudar a reflexionar sobre un tema com la naturalesa de l'Estat en un sistema de cessió d'atribucions als governs autonòmics? Què és el que ensenya la ciència, a la qual no fa cas ni el ministre d'Economia ni el líder de l'oposició? Diu, ni més ni menys, que el desenvolupament autonòmic dins l'Estat té futur sempre que hi hagi més ciutadans que se sentin extremadament satisfets amb la percepció que tenen del seu país que no pas ciutadans preocupats per les inversions fetes o les ofertes de països competidors.

Això vol dir que no importa el volum de les contribucions netes efectuades per una comunitat autònoma ni les anomenades balances fiscals o el nombre d'obstacles en el camí cap a la consecució de la independència? És clar que importen —al contrari del que han suggerit molts en el curs del debat actual—. En realitat, són les úniques coses que importen si es permet generar una situació en què la percepció en extrem positiva del seu propi país només la té una minoria. El que ens diu l'anàlisi científica no és qui té raó o està equivocat: el Govern, l'oposició o els nacionalistes. El que ens diu és que han de ser més els que creuen que la percepció que tenen del seu país és fabulosa que els que només pensen en les balances fiscals o en l'atractiu alternatiu de la independència. Sense aquesta majoria, només hi ha desconcert, ruptura i alienació.

Un altre ensenyament de la ciència és que la vida és el resultat d'un equilibri entre els impactes oxidants i agressors, d'una banda, i la capacitat regeneradora de les cèl·lules, de l'altra. Quan guanyen els primers, arriba la mort. Si els que només pensen en les seves inversions o a tocar el dos d'aquí són més que els captivats per la percepció extremadament positiva del seu país, els estats es desmembren, diguin el que diguin els seus representants.

L'equilibri social —tant o més que l'equilibri de la vida— és el resultat de fer disminuir els factors negatius i augmentar els positius. No n'hi ha prou de protegir-se dels oxidants que corroeixen; fa falta augmentar la capacitat regeneradora de les cèl·lules i crear entorns que permetin la vida i la facin il·lusionar.

Salut i pobresa

Costa de creure, però després de molts anys d'investigació s'ha arribat a la conclusió que els funcionaris situats més avall de l'escalafó tenen quatre vegades més risc de mort que els funcionaris al capdamunt de la jerarquia. L'epidemiòleg Michael Marmot és qui ha descobert aquesta relació entre la salut i l'escala social amb les seves investigacions sobre com l'estatus afecta de manera directa el nostre benestar i la nostra expectativa de vida.

Dos mites s'ensorren. El primer: no és veritat que la pobresa sigui una qüestió només de molt rics i molt pobres. Es tracta d'un problema que afecta tothom. Segon: és fals que els de dalt estiguin tan estressats que no puguin amb la seva ànima i que els de sota, en canvi, pateixin menys estrès perquè puguin evitar certes responsabilitats. Ser pobre, sentir-se pobre i que et facin sentir pobre és una sensació estressant molt dolenta per a la salut. Marmot n'ha estudiat diversos casos i a tot arreu ha observat el mateix fenomen: la salut es deteriora a mesura que descendim en la jerarquia social.

Fa un temps va analitzar la mortalitat de bebès i nens als països pobres i va veure que les famílies més pobres presenten un índex superior de mortalitat infantil, les famílies una mica menys pobres tenen una taxa lleugerament inferior, i així successivament fins a arribar als més benestants de l'escala social.

Les múltiples conseqüències de la falta de diners

La pobresa, doncs, és un fet molt més complex que la simple falta de diners. La pobresa és l'estat psicològic d'impotència. Com pot ser que la pobresa traspassi la pell?

La vida social i la salut individual són dues esferes que consideràvem independents. La ciència, amb tot, afirma de manera cada vegada més rotunda que ambdues estan relacionades de forma íntima. El lloc que ocupem en el nostre entorn social o jeràrquic és el millor pronòstic de la nostra salut, amb la dieta, l'exercici o els gens. Marmot destaca que són els factors socials els que determinen una bona o una mala salut. I, en aquest sentit, ha reunit proves que hi ha dos processos fonamentals en joc. El primer és un aspecte que ja hem vist i analitzat: el control que la gent exerceix sobre la seva vida. És a dir, si poden viure la mena de vida que consideren adequada o si controlen la seva pròpia vida. El segon són les oportunitats de plena participació social. I amb això es refereix a formar part de la societat però també a rebre'n una resposta positiva, l'estima, l'autoestima que comporta formar part de la societat i que probablement els funcionaris que es troben en l'escalafó més baix de l'Administració no tenen.

El primer científic a posar-ho de manifest va ser el neuròleg de la universitat de Stanford Robert Sapolsky, després d'investigar durant vint anys el comportament dels babuïns salvatges al Parc Nacional de Serengueti, a Tanzània. La salut segueix un gradient social. És la síndrome de l'estatus, que trobem allà on hi ha jerarquies: en l'estructura social dels babuïns i en l'estructura burocràtica dels funcionaris de qualsevol país. La clau sempre és en la interacció entre gens i entorn. Els kung del desert del Kalahari, per exemple, viuen en un ambient que afavoreix una societat igualitària: caçar una girafa no és cosa fàcil si es pretén fer-ho sol, i val més compartir-la quan no tenim com evitar que se'n podreixi la carn. No obstant això, a les zones on es practica l'agricultura les societats es tornen més desiguals. L'acumulació dels excedents a les mans d'alguns provoca l'emergència d'una jerarquia més clara.

Sentir la desigualtat

Per quina raó estar al capdamunt o a baix de tot de la jerarquia repercuteix en la salut? Ho he apuntat més amunt: la resposta s'ha de buscar al cervell. L'experiència de desigualtat i desemparament té profundes implicacions per a la salut, que es prolonguen durant diverses generacions. El nou-ric continua tenint més malalties que el ric de tota la vida. La falta de control individual i d'autonomia característica dels llocs inferiors de la jerarquia on es multipliquen els supervisors, la falta de previsibilitat, la falta de vàlvules d'escapament per a la frustració, la falta de suport social. Tot això és realment clau per entendre què és el que fa que una persona pobra se senti pobra, i que els altres la facin sentir-se pobra.

Marmot explica que gran part d'aquesta integració en la societat consisteix a poder aconseguir el que els costums d'una societat específica dicten que és raonable tenir. Es tracta del que ja va dir Adam Smith, el pare de l'economia moderna, al segle XVIII: la importància d'ocupar un lloc en la societat sense vergonya. Això es tradueix en coses que un pot considerar una estupidesa, com que els nostres fills no poden ocupar el seu lloc en la societat perquè no tenen un parell de sabates noves o els texans adequats; o si el nostre veí sent que no pot ocupar el seu lloc en societat sense el cotxe adequat. Per a ells aquests detalls poden ser fonamentals i no tenir-los els produeix un estrès que desgasta la salut. El cos humà no està dissenyat per viure en un estat d'estrès permanent, real o imaginat, el qual, si es dóna, té conseqüències per a la salut.

Els que busquen solucions a les desigualtats haurien de tenir en compte aquestes dades reveladores de la importància dels esquemes d'organització social i del treball.

Els polítics haurien d'analitzar molt més com funciona la societat, el lloc que hi ocupem els ciutadans, si de debò volen ocupar-se de la salut pública i fins i tot de la felicitat individual. Marmot proposa utilitzar l'estat de salut d'una societat per mesurar com funciona aquesta societat. Per exemple, si ens fixem en els EUA, veiem que alguna cosa falla: el col·lectiu afroamericà està especialment desfavorit. Veiem que el país presenta enormes desigualtats de salut i això fa que es quedi enrere. Les últimes estadístiques demostren que els EUA ocupen el vint-i-setè lloc pel que fa a l'esperança de vida, malgrat que és el país més ric en igualtat de poder adquisitiu. Amb aquest exemple veiem com la desigualtat perjudica la salut.

Una vegada més, la ciència té molt per ensenyar-nos sobre coses que afecten tothom. De vegades penso que és veritat que, a hores d'ara, només la ciència és notícia, i tota la resta és fer safareig.

Les arrels de la crisi i alguna solució

Tots sols davant l'Estat, i tots sols davant la crisi mundial que va esclatar el 2008. Hi ha persones, a Espanya i a Europa, que han atribuït la crisi econòmica a la convulsió financera exterior. Van dir a la gent que la crisi bancària nord-amerciana va ser la que va provocar la crisi europea.

El meu amic Robert Mundell, economista de la Universitat Colúmbia i premi Nobel el 1999, no pensa igual. Segons ell, no va ser la crisi bancària nord-americana la que va provocar la crisi europea. Al contrari, Mundell afirma que «els problemes d'Europa es veien a venir als vuitanta i noranta, quan es va considerar que la proporció entre el deute públic i el PIB no podia superar el 60%, i per això es va establir el límit del 60% sobre el deute públic». El problema va ser que durant els deu anys següents va augmentar fins a un 75%, de manera que es va produir un període de laxitud fiscal.

Segons aquest economista, «el fet que les institucions americanes poguessin estar en perill, així com que els bancs tinguessin greus problemes, va posar de manifest la rapidesa amb què el deute pot provocar una crisi».

Un dels problemes que poden sorgir —i que han sorgit en aquesta crisi— és que el deute privat excessiu pot acabar convertint-se en deute públic si el banc central o el Govern han de rescatar el sector privat. Mundell sap que els bancs, la importància dels quals no els permet fer fallida, poden convertir-se ben de pressa en deute públic, com va passar als Estats Units. «A Europa», diu aquest expert, «hi ha el risc que ocorri el mateix, que el Banc Central Europeu hagi de rescatar alguns instruments, països o bancs en perill, i això podria portar a una política monetària més relaxada, més senzilla, que depreciaria l'euro».

La situació és complicada i les possibles solucions no són fàcils d'entreveure, però des de fa uns tres anys se sent dir que Europa necessita una gran reforma del mercat laboral, que ha de ser més lliure, com als Estats Units o el Regne Unit. Mundell ha defensat aquest canvi dràstic amb relació a l'oferta a Europa. Segons diu, la revolució en l'oferta que va tenir lloc sota la presidència de Reagan, als vuitanta, va consistir en una reducció fiscal perquè la despesa del Govern tingués un sostre, i així es van desarreglar moltes coses, incloent-hi el mercat laboral. Per a ell aquest va ser un factor crucial en aquest gran període comprès entre el 1982 i el 2008, en què l'economia nord-americana i l'economia mundial es trobaven en una situació fabulosa. Una idea que segons ell Europa podria començar a copiar.

Itinerari 10

Fórmules per ser més feliços en un món millor

Què fa falta per ser feliç?

Fins fa molt poc temps, la ciència no disposava dels mitjans tècnics per mesurar els processos emocionals, i per això hem heretat un pensament en què a l'anàlisi científica li faltava tenir en compte les emocions. Gràcies a les anàlisis per ressonància magnètica i altres tècniques de neuroimatge, avui la ciència pot mesurar els processos emocionals. Gràcies a això, sabem que les emocions són universals, encara que la seva expressió social pot variar en funció de les diferents cultures.

Aquesta gran revolució tecnològica, que ens ha permès mesurar les emocions humanes, ens dóna claus bàsiques per saber per què som com som. Neuròlegs i psicòlegs, com Antonio Damasio a Califòrnia o Daniel Gilbert a Harvard, dels quals ja he parlat, es dediquen a investigar exhaustivament la psicologia humana. És increïble pensar que fa molt pocs anys no sabíem què li passava per dins quan una persona estava enamorada o patia un desamor.

Com pot ser que algun boig, als Estats Units, intuís i tingués prou força per fer incloure en la Constitució americana el dret del ciutadà a buscar la felicitat i, amb tot, ningú no hagi escrit un llibre intentant explicar quines són les dimensions d'aquesta felicitat? Heu llegit en alguna banda que quan tenim la sensació que no controlem gens la nostra vida és impossible que siguem feliços? Potser ho heu experimentat, però no ho heu llegit, perquè ningú no ho havia escrit. Ningú no havia investigat ni reflexionat sobre un fet tan senzill com que fa falta tenir la sensació que controles una mica la teva vida per ser feliç. Si no, no pots ser-ho.

I això que ja s'havia experimentat als anys trenta, amb les famoses cinc ratetes, un experiment que no m'agrada explicar perquè fa posar la gent molt trista, i amb raó. Uns científics van posar cadascuna de les cinc ratetes en una gàbia diferent. Els aplicaven una descàrrega elèctrica brutal de manera aleatòria i injustificada: elles no sabien quan la rebrien ni quin n'era el motiu. Una de les ratetes —era l'única diferència entre les cinc— tenia una palanca que, si la sabia utilitzar bé, podia interrompre la descàrrega elèctrica no només per a ella, sinó per a totes cinc. Bé, doncs en dues setmanes les altres quatre van morir víctimes de la desesperació en veure que no podien fer res contra aquella descàrrega injustificada des de qualsevol punt de vista. I, en canvi, la rateta que tenia la palanca, la que tenia la sensació que controlava una mica la seva vida, va viure dues setmanes més. Ja hem vist la importància del control en les nostres vides per ser més feliços. Doncs de tot això no en sabíem res.

Ara sabem altres coses, igualment importants, que ignoràvem. Que compten més les relacions de parella que no pas els diners, sempre que se superi el nivell mínim de subsistència. També sabem que la felicitat es troba en el camí cap a l'objectiu que se suposa que ens farà feliços. Com podíem viure sense saber res de tot això que ens importava tant?

Plató, Buda i els científics

Fa uns quants anys, jo feia una xerrada de cinc minuts a la ràdio, cada setmana. En una ocasió arribava d'un viatge als EUA amb el temps just per deixar anar el meu discurs als oients del migdia.

«Llegeix aquest text de Plató i improvisa'n el comentari», em va suggerir el director de llavors. No he oblidat mai el text i el recomano als meus lectors. Plató comentava que estava disposat a ajudar els seus amics «coneixedors del meu interès per la cosa pública», deia ell, a canviar de règim. Ho va fer un parell de vegades fins que, desenganyat pels resultats de les reformes impulsades pels seus amics, va decidir renunciar en el futur a impulsar qualsevol mena de canvi, «fins que els filòsofs fossin polítics o, cosa molt més improbable, que els polítics fossin filòsofs».

Després de llegir la carta de Plató, escrita uns quatre-cents anys abans de Crist, i de la meva pausa calculada —tot i que, òbviament, massa llarga—, em disposava a engegar el meu petit comentari sobre el text quan el cap del cubicle des del qual emetíem va donar per acabada la comunicació. No vaig tenir temps d'aclarir que allò no era de Punset, sinó de Plató, de feia segles. Les cartes que es van rebre després de la meva lectura estaven plenes de frases de l'estil de: «No es preocupi, Punset, les coses canviaran». O: «Em sap greu tot el que passa, però en algun moment del futur es donarà un canvi». Però el més sorprenent no era això, sinó que el nombre de cartes s'havia multiplicat per deu sense que ningú hagués notat que allò no ho havia dit jo, sinó Plató, feia més de dos mil quatre-cents anys!

M'ha passat una cosa molt semblant llegint un text de Buda al meu ordinador sobre la felicitat i la infelicitat. Una mica abans de Plató, Buda feia una afirmació molt similar al que els meus amics científics de les universitats de Harvard, Colúmbia i Standford estan descobrint ara, gràcies a experiments complexos i a ressonàncies magnètiques sofisticades. Què deia Buda, cinc-cents anys abans de Crist, sobre la felicitat? Doncs que es podia sortir de la infelicitat renunciant a molts desitjos de naturalesa sexual i d'altra mena.

I què diuen ara els científics? Doncs que és necessari redissenyar una nova taula de compromisos: no es pot, quan es té una casa, pretendre tenir una segona residència; ensenyar idiomes als fills i, per tant, enviar-los a estudiar a l'estranger; matricular-los a l'escola més cara i famosa; tenir uns quants fills, massa seguits; compaginar la carrera amb una feina. O, per ser més exactes, els experts suggereixen que a la taula de compromisos es pot incloure qualsevol d'aquests objectius, però difícilment tots alhora.

Quines altres pautes donava Buda per ser feliç? La noble veritat del camí que porta al cessament del dolor —per utilitzar les seves paraules— incloïa «el recte esforç». Els millors psicòlegs, entre ells Mihaly Csikszentmihalyi, que actualment ensenya a Califòrnia, parlen de «submergir-se en el flux». És necessari no només esforçar-se molt en alguna cosa, sinó també deixar-se embriagar per aquesta dedicació, sigui un gran amor, un esport, una professió o treballar els diumenges a la tarda. Tot menys avorrir-se davant del televisor.

De vegades ens costa comprendre per què algú dedica tota una vida a mirar pel microscopi i estudiar les cèl·lules, o per què a un altre l'entusiasma sortir a córrer cada dia una mica més de pressa. Es pot pensar que és una ximpleria, però els que ho fan saben que els agrada, que controlen la seva vida i que obtenen beneficis de l'activitat que fan i en què inverteixen. I que els fa d'allò més feliços. Aquesta capacitat de concentrar l'energia psíquica i l'atenció en plans i objectius que hem triat és l'estat de flux, segons Csikszentmihalyi, i fa que la persona senti que val la pena consagrar-s'hi perquè ha triat aquest estil de vida, i en gaudeix cada moment.

Tenir amics és bo per a la salut

«La magnitud de l'impacte sobre la salut d'una bona xarxa de suports familiars i d'amics és semblant al que s'obté deixant de fumar», comenten els científics que han investigat sobre aquest tema a les universitats de Utah i Carolina del Nord, als EUA. La gent comença a impressionar-se per les proves repetides que la solitud és font d'angoixes i desvaris, mentre que la relació d'un cervell amb un altre resulta essencial per sobreviure.

Sabem que hi ha un instint emocional, que compartim amb altres animals, que és l'instint de grup, i ens dóna una idea de la importància que té el sentiment de pertànyer a un col·lectiu. El prestigiós primatòleg Frans de Waal creu que aquest instint natural té relació amb la sincronia: els peixos neden junts, els ocells volen junts, molts animals es mouen junts... I quan caminem al costat d'algú altre, acabem adoptant el mateix ritme.

En llenguatge planer, el que suggereixen aquest i altres estudis semblants, iniciats fa vint anys, és la importància del que els científics Salovey i John Mayer van anomenar intel·ligència emocional. Vint anys després, hem descobert que les persones amb relacions socials intenses —un estat inaccessible sense un cert grau d'intel·ligència emocional— tenen un 50% més de probabilitats de sobreviure que els que no fan tanta vida social.

«Els metges, els professionals sanitaris i els educadors tenen en compte factors de risc com el tabaquisme, la dieta o l'exercici. Les dades que presentem aporten raons de pes per afegir les relacions socials a aquesta llista», anoten els científics esmentats. D'aquí a poc potser en la rutina de les revisions mèdiques sanitàries també s'inclourà la medició del grau de benestar social. I això com es menja?, es preguntaran els meus lectors. Com ho podem mesurar amb la mateixa facilitat que el tabaquisme, la bona dieta o l'exercici físic o cognitiu?

Doncs amb un petit esforç col·lectiu. Les relacions socials es teixeixen amb multitud de pràctiques, unes de conegudes, com les de veïnat o laborals, però del tot ignorades les altres; és aquí on entren en joc les emocions bàsiques i universals fruit de la nostra biologia i psicologia. Ja sabem que, sent important el coneixement de la intel·ligència emocional de cada individu, ho és en gran manera la intel·ligència social: és a dir, els comportaments sorgits arran de la comunicació entre cervells diferents.

Gràcies a les investigacions dels autors esmentats, a més de la implementació de projectes específics de gestió emocional i social com el de la Universitat Camilo José Cela de Madrid, o els de Rafael Bisquerra, de la Universitat de Barcelona, o Richard Davidson, de la de Wisconsin, EUA, avui disposem d'un model susceptible d'explicar el nostre comportament social i emocional.

A hores d'ara tenim, amb una idea més que perfilada, les habilitats que componen aquestes competències emocionals i que haurem d'aprendre a transmetre a les noves generacions mitjançant l'ensenyament infantil, primària, secundària, corporativa i de la tercera edat. Perquè els líders socials no tinguin cap excusa, us les enumeraré (els detalls dels continguts els deixo per als pròxims vint anys): aprendre a focalitzar l'atenció en les emocions pròpies; tenir en compte la interacció entre emoció, comportament i processos cognitius; infondre autoestima, resiliència i curiositat, i treballar en equip de manera cooperativa i no competitiva, la qual cosa suposa aprendre a escoltar, comunicar i saber solucionar conflictes exercint un lideratge emocional. L'aprenentatge d'aquestes noves competències és la clau perquè els joves trobin feina en comptes d'encallar-se en l'atur.

L'esport millora l'estat d'ànim i la memòria?

Els grecs i els romans havien intuït molt abans que nosaltres que la ment sana és el resultat d'un cos sa, però no havien pogut demostrar-ho. Avui, per fortuna, disposem de nombroses proves

Si cuidem la salut física, la nostra salut mental millora.

experimentals que ens han convençut que vetllar per la salut física produeix una salut mental millor. Estem descobrint que els exercicis físics i una dieta equilibrada —els puntals bàsics de la salut física— tenen una repercussió en la salut mental i beneficis per a la memòria, l'estat d'ànim i la capacitat cognitiva. El que suggereixen les proves realitzades en diferents laboratoris és que la memòria i la capacitat cognitiva milloren si la salut física és bona. El que encara no sabem és quina mena d'esport és el més adequat per millorar l'estat d'ànim, la memòria o el grau de comprensió. Tampoc no estem segurs de quant de temps hem de dedicar a cuidar-nos en aquest aspecte. Amb tota probabilitat és millor passar-se que quedar-se curt.

Com funciona aquest mecanisme extraordinari? Fernando Gómez-Pinilla, investigador de la Universitat de Califòrnia-Los Angeles (UCLA), explica que l'exercici físic envia al cervell productes químics com la proteïna IGF1, a través del corrent sanguini. Allà, aquesta proteïna es converteix en una mena de gendarme que comença a dictar instruccions perquè l'organisme augmenti la producció de FNDC (factors neurotròfics derivats del cervell), que alimenta els processos responsables d'un pensament més sofisticat en fomentar la creació de noves connexions entre neurones. S'ha comprovat en ratolins i intuïm que passa una cosa semblant en els humans.

Des de llavors he aconsellat a les meves nétes que no diguin si estan deprimides sense saber abans com tenen la proteïna IGF1 i el FNDC, perquè el seu problema pot ser molt fàcil de solucionar. Ara ja sabem que, si bloquegem el creixement del FNDC, interrompem l'aprenentatge i perjudiquem la memòria.

El més sorprenent d'aquest nou escenari és constatar l'impacte positiu de la salut física, o més aviat de la fonamentació dels puntals sobre els quals descansa la salut física, en malalties com l'Alzheimer, la dislèxia o la depressió. En els rosegadors s'ha vist que a partir d'un moment donat el seu cervell comença a acumular una proteïna anomenada beta-amiloide. En les persones que pateixen d'Alzheimer, aquesta proteïna aflora i forma espesses plaques, que són el senyal inconfusible de la malaltia.

Gómez-Pinilla em va fer reflexionar sobre el fet que fa milers d'anys i no tants —només ens hem de remuntar cinquanta anys enrere— no disposàvem de tots els mitjans de transport que tenim avui dia. Llavors l'exercici era una part important de la vida. El cervell que tenim es va formar a través de l'exercici, perquè és part de la nostra existència, els nostres gens estan ansiosos de fer exercici, és una activitat natural.

Ara som conscients de la correlació que hi ha entre l'exercici físic i la neuroprotecció, tot i que encara no coneixem el mecanisme exacte per poder inhibir els efectes traumàtics o activar els curatius. A això hi hem d'afegir els beneficis d'una dieta sana —la necessitat imperiosa d'àcids grassos del tipus omega 3 per al bon funcionament cerebral—. És veritat que després d'uns quants intents molta gent s'ha convençut que els exercicis físics i una dieta equilibrada són transcendentals per preservar la salut física. Ens costarà tant convèncer-los ara que també s'hi juguen la salut mental?

Pistes per assolir l'èxit

En la història de l'evolució, les persones que van tenir èxit van poder triar parella abans que els altres, els seus fills vivien més temps i els seus gens acabaven sent majoritaris en la reserva genètica. I, amb tot, són molts els que no tenen èxit. Per què?

La ciència corrobora algunes de les conviccions heretades en aquest camp i en desmenteix d'altres. La primera pista per tenir èxit és voler-ho. Fixar-se objectius és imprescindible, però hi ha persones que tenen expectatives desmesurades i, en no aconseguir-les, pateixen ansietat i por. D'altres es marquen objectius per sota de les seves possibilitats, i no assoleixen els nivells de creativitat necessaris per a l'èxit. A quin grup pertanyo jo? La resposta a aquesta pregunta constitueix la primera clau per a l'èxit.

Distingir la concepció geològica del temps de la divisionària és la segona pista. Els paleontòlegs i els geòlegs estan familiaritzats amb el que anomenen el *deep time*. La unitat de temps ve donada per milions d'anys, mentre que al món modern la pauta ve donada per quarts d'hora. Els primers tendeixen a no tenir pressa. Com pots sortir disparat després d'acariciar un trilobit de fa quatre-cents milions d'anys? La pressa és mala companya de l'èxit, no tant perquè no deixa temps per pensar, sinó, simplement, perquè estressa.

La tercera pista consisteix a compartir les idees. En comptes de predicar tota l'estona perquè t'entenguin, és fonamental intuir el que pensen els altres, encara que pertanyin a universos diferents o separats. «Els que m'han ensenyat més són els que no sabien res de la meva especialitat», em va dir una vegada el premi Nobel octogenari Sydney Brenner. Amb un terme més pretensiós, la comunitat científica d'aquesta obertura que predisposa a compartir les idees dels altres en diu multidisciplinarietat.

Convertir el gust o la vocació pel que sigui en enamorament és la quarta clau. És difícil ser convincent si no estàs enamorat del que vols comunicar. Les qualitats innates només es desenvolupen quan a un li agrada el que fa. Els dissenyadors de productes saben que la gent ha d'enamorar-se del seu disseny i si el perfil no suscita amor, no es ven. Els directius dels departaments de recursos humans saben que un equip només funciona quan està enamorat del projecte en què està embarcat.

Persistir en l'intent, vet aquí un altre punt en el qual la gent de vegades s'encalla. En un moment donat, es pot pecar per excés; continuar insistint en el projecte propi, quan encara no es donen les condicions necessàries —ni es donaran en molt de temps— condueix al fracàs. Però és més normal pecar per defecte. Sobretot les idees brillants requereixen temps per tenir èxit. Molt sovint, perquè aquestes idees prosperin s'ha de donar prèviament un canvi mental en els altres, i els canvis mentals són d'una lentitud exasperant.

La sisena pista per a l'èxit consisteix a provar i fer coses noves. Construir entorns insospitats en què instal·lar emocions noves, explorar temes i persones diferents del pa nostre de cada dia, investigar de forma simultània en disciplines diferents. En definitiva, estar obert al coneixement de les altres coses i persones. No intentar saber cada vegada més de menys coses —com deia Marx dels monetaristes— «fins que ho saben tot de res».

L'última pista per tenir èxit no és realment una pista. Tot i això, en totes les cultures se li sol donar una gran importància. Em refereixo a la sort, i requereix una explicació una mica més llarga. Amb relació al temps, sí que la sort es pot considerar un factor d'èxit. Potser no ha arribat el moment perquè cristal·litzi la demanda d'una idea o un producte. Mala sort, perquè ningú no sap realment anticipar l'inesperat. Una altra cosa diferent és arribar a la meta després del temps fixat. Aquí no es tracta de mala sort, sinó d'estar distret o de no haver-se preparat.

Sort i mitjanes

La majoria de les lleis físiques i evolutives es refereix a mitjanes: el comportament dels àtoms, la durada de l'amor o l'impacte en la vida adulta d'un drama en la infància més tendra. El que és veritat d'un mitjana pot no ser-ho d'un individu. El que és veritat d'una classe —deia Marx referint-se a la burgesia— pot no ser-ho d'una persona determinada que pertanyi a aquesta classe. Quan diem d'algú que ha tingut bona o mala sort, parlem d'algú que pertany als casos comptats o excepcionals de persones que no es comporten com ho fa la mitjana, la immensa majoria. D'aquí ve que no tinguin validesa científica els consells per tenir sort i, per tant, que la sort difícilment es pugui entendre com una pauta per tenir èxit. I més si considerem que la majoria dels esdeveniments susceptibles de ser tinguts per una sort o una desgràcia no són tal cosa, sinó el resultat de processos inconscients que escapen a la nostra atenció.

La majoria de les vegades cal buscar la causa del que anomenem tenir sort amb la salut, en la nostra dieta, en els hàbits i l'exercici físic. Quan diem que algú ha tingut sort en l'amor, hem de buscar les arrels en l'amor maternal, en la inversió parental i en la sexualitat. Quan diem que la nostra veïna ha tingut sort a l'hora de trobar feina, caldria veure la preparació prèvia d'aquesta veïna, la intensitat de l'esforç que ha fet per desenvolupar les seves qualitats innates o les reaccions que té davant l'estrès.

Quan un procés està programat —l'embriogènesi, per exemple—, no és una qüestió de sort que unes cèl·lules es dirigeixin a l'espai reservat a les futures neurones i d'altres, al que serà el futur sistema motor del nadó. Genèticament està programat així. No té a veure amb la sort.

La vida no és una sèrie d'esdeveniments atzarosos que tenen lloc de forma intempestiva, sinó més aviat un procés continuat, que pot interrompre's per causes exteriors que tenen poc a veure amb la suposada bona o mala sort d'una persona en particular. Una extinció massiva, com les ocorregudes al llarg de la història de l'evolució, pot interrompre el procés de vida d'un niu de trilobits, encara que tinguessin la sort d'haver nascut perfectes. Sembla que la majoria de les vegades atribuïm a la intervenció de la sort la causa d'un fet quan no sabem per què ha passat o no ho volem investigar.

Més ciència, menys dogmes

Sovint em demano si vivim en una societat basada en el coneixement, com es diu sovint, o si encara està basada en grans dosis d'ignorància. La resposta és que totes dues coses, amb un cert predomini de l'última.

Som criatures supersticioses per naturalesa i això no canviarà mai. La superstició es deu al fet que som animals que busquen pautes; busquem les pautes aleatòries de la natura i unim els punts comuns per treure'n conclusions. A continuació, les emmagatzemem al cervell en forma de memòria. I, per acabar, basant-nos en les dues coses, fem prediccions. Aquesta és la funció bàsica del cervell. Però quan cometem un error en la fase de recollida de dades, o durant els processos de memorització de les pautes —cosa que passa sovint—, en comptes de fer prediccions, recorrem a la superstició.

La clàssica il·lusió òptica de la dona jove i la vella il·lustra l'inici

d'aquestes dificultats per entendre el món. Si es predisposa la gent perquè vegi en la imatge ambigua la dona jove primer, hi veurà la dona jove, mentre que si se la predisposa perquè hi vegi la vella primer, l'hi veuran. Això vol dir que veiem el que esperem veure, i això complica les coses a la ciència. Perquè els científics tenen els mateixos patrons cognitius que la resta de la gent. Tots som animals curiosos i exploradors per naturalesa, científics nats, inclinats a la curiositat, la investigació i l'exploració, i amb ganes d'entendre el món i dotar-lo de sentit. El que no és tan natural és el mètode científic: els mètodes de comprovació, els grups de control i experimentació, el control dels efectes del placebo, detectar desviacions en els experiments. Tot això és relativament nou: a penes fa un segle o dos que ho fem.

Si es predisposa la gent perquè vegi en la imatge la dona jove primer, la veurà primer.

Amb la medicina, per exemple, som supersticiosos. Si ens diuen que una cosina de la nostra tieta Maria s'ha recuperat de la malaltia que patia perquè s'ha pres un extracte d'algues, provem aquest remei sense pensar-ho dues vegades. Però, existeix la suposada connexió entre les algues i la curació? L'única manera de comprovar-ho és establir un grup de control de mil persones que no prenguin extracte d'algues, i després un altre grup de mil persones que sí que en prenguin. Després s'analitzen les diferències estadístiques entre ambdós grups i se'n treuen les conclusions.

Això és l'aplicació del mètode científic, i el seu ús creixent farà menys dogmàtica la gent. L'equilibri emocional d'una nació no depèn que hi hagi molts científics ni tampoc molts practicants de ioga i meditació, sinó que cada vegada hi hagi més persones que utilitzin el mètode científic: s'ha de preguntar a la natura més que a les persones, comprovar les idees exposades com a conviccions i, quan sigui possible, mesurar-les.

En els últims cent anys les coses han millorat molt. La gent és menys supersticiosa gràcies a l'educació pública i a l'auge de la ciència. Però si agafem els últims quaranta o cinquanta anys, el panorama no és tan bo. Encara no resulta natural pensar escèpticament, desaprendre allò après, qüestionar les conviccions heretades. La predisposició a canviar d'opinió arran de l'experimentació i la prova hauria d'incorporar-se al procés educatiu. Aquesta és la màgia, la humilitat i el potencial del mètode científic!

Què passa quan ens morim?

Els bacteris practiquen el sexe intercanviant trossos de material genètic, i així poden augmentar el nombre dels que desenvolupen resistències a certs antibiòtics. Els canvia el genoma, però no passa res. Un tipus de reproducció sexual com la nostra és molt diferent, perquè implica la generació d'un individu nou proveït d'un material genètic diferent del dels seus pares. Els pares no canvien; almenys els seus gens. La gran novetat és el fill.

Això nostre és molt sofisticat i complex. El cas dels bacteris és d'una senzillesa aclaparadora. Ara bé, a un microbi, és clar, li resulta impossible deixar de ser microbi i posar-se a construir catedrals. Però té un petit avantatge: els seus gens no es moren. I nosaltres, per perpetuar-nos, hem de tenir fills perquè les nostres cèl·lules —la majoria somàtiques— es moren.

La gent em demana, sovint, que l'ajudi a respondre la pregunta que la preocupa més: «Hi ha res després de la mort?», pregunta. «No pot ser que tot s'acabi! Que tot això no hagi servit per a res!», insisteix. «Vostè que ha parlat amb tants científics, què en pensa?».

«No ho sé», responc d'entrada. I després només se m'acut fer referència al segrest incomprensible de les cèl·lules germinals en la història de l'evolució. Potser la pregunta podria formular-se en altres termes: quan algú es mor, què és el que es mor? Perquè els àtoms de què estem fets són pràcticament eterns i només les cèl·lules somàtiques es moren realment. Les germinals, responsables de la perpetuació de l'espècie, són immortals.

Quan sospito que la meva benintencionada resposta no els conforta del tot, recorro a la meva última carta, dialèctica: «Potser l'únic que es mor és la nostra capacitat d'al·lucinar i somiar». Al final, recorro —sempre amb ànim d'assossegar— a la fantasia: «És gràcies a la brevetat de la vida, a la seva finitud, que sentim intensament. Si la vida durés eternament, resultaria molt difícil concentrar-se en res. Ni notaríem l'esplendor de les postes de sol...». No he tingut mai la sensació que els meus arguments hagin dissipat l'ansietat dels meus amables interlocutors.

Superar el món de la clonació per accedir al de la individualitat suposa acceptar la finitud i la mort. Un bacteri que es repeteix a si mateix no mor mai. Un individu únic i irrepetible per definició no es dóna dues vegades. Potser perquè han estat protagonistes dels dos universos, successivament, els humans segueixen sense estar del tot reconciliats amb la idea que la creativitat individual i el poder de travessar fronteres desconegudes hagi d'anar de bracet amb la mort. Ara entenc, potser, per què la gent em continua fent la mena de preguntes a què al·ludia abans, i els lectors acceptaran, potser millor, la meva resposta.

Deu manaments per no ser infeliç

Qualsevol moment pot ser bo per repassar el que hem après sobre la felicitat. Vet aquí els deu manaments per no ser infeliç.

Primer. No intentis ser feliç sempre i en tot moment. La felicitat és una emoció positiva universal i, com totes les emocions bàsiques, efímera. Ara bé, quan sentis el cuquet a dins que et diu que et sents bé, digue't en veu alta a tu mateix: «Estic bé!».

Segon. Intenta gaudir de la preparació i la recerca de les teves metes i objectius. Fes com la meva gossa, que és més feliç quan espera el dinar que quan fica el morro al plat de cereals.

Tercer. La felicitat és, primordialment, l'absència de por. Aparta de la imaginació tot el que et pugui generar por i intranquil·litat. Està bé admetre una certa ansietat provocada pels preparatius, però elimina les grans pors de la teva vida, almenys durant una temporada. Per perdre la por de les coses petites cal haver perdut la por de les coses grans, com la perspectiva de la mort o la falta de feina.

Quart. Cuida els detalls i les coses petites en comptes de seguir obsessionant-te pels grans projectes. El millor que et pot passar és que et retreguin que l'arbre no et deixa veure el bosc. Doncs molt bé, oblida't del bosc i gaudeix de l'arbre.

Cinquè. Les investigacions més recents demostren que el nivell de felicitat augmenta amb l'edat. Sabíem que mai no s'és tan feliç com durant els nou mesos de vida fetal. El que acabem de descobrir és que el segon període més feliç ve amb l'edat. Els records són més nombrosos i la consegüent ampliació de la capacitat metafòrica i de la creativitat compensen àmpliament els processos de pèrdua neuronal.

Sisè. Concentra tots els esforços a gaudir del que t'agradi més: llegir, jugar a tenis o a golf, fins i tot treballar si et ve de gust. Tot, excepte avorrir-te davant la tele o en converses sense sentit. És important sentir que el que fas t'absorbeix.

Setè. No menyspreïs ningú. L'antítesi de l'amor no és l'odi, sinó el menyspreu envers els altres. El sentiment de menyspreu implicava la mort en els temps primitius i tendim a infravalorar el seu impacte nefast sobre la nostra vida emocional.

Vuitè. Cuida les relacions personals. De tots els factors externs de la felicitat —com els diners, la salut, l'educació, la pertinença a un grup—, el que té més impacte sobre la felicitat són les relacions personals. Procura no malmetre-les.

Novè. Aprofita la capacitat que tenim d'imaginar —l'únic que realment ens diferencia dels ximpanzés— per pensar en coses boniques, i no pas en desgràcies. La capacitat que la majoria de la gent té de fer-se infeliç imaginant no té cap sentit.

Desè. Durant l'hivern no parem d'invertir en el nostre futur o en el dels que estimem. No ens queda temps per gastar en el nostre propi manteniment. Hi ha un excés d'inversió i un dèficit de manteniment. Aprofita les vacances i el temps lliure per invertir menys i suplir el dèficit de manteniment de tu mateix.

Un exemple de felicitat

La neurociència va sorprendre tothom fa uns anys quan va declarar Matthieu Ricard l'home més feliç del món. Ricard —biòleg i monjo budista, que he esmentat més amunt— té una llarga experiència en el camp de la meditació. Va ser sotmès a un exhaustiu experiment amb escàners cerebrals per mesurar les conseqüències del tipus de meditació que ell practica, que genera un estat d'amor i compassió pura, no enfocada cap a res ni ningú en particular. Els resultats van mostrar nivells per sobre del que es coneixia fins llavors d'emoció positiva a l'escorça prefrontal esquerra del cervell. Mentre que l'activitat del lòbul dret —just a l'àrea relacionada amb la depressió— disminuïa, com si la compassió fos un bon antídot contra la depressió. I també disminuïa l'activitat de l'amígdala, relacionada amb la por i la ira.

Ricard, amb tota la seva experiència i saviesa, sempre m'ha

recomanat la meditació. Diu que és un exercici excel·lent perquè la ment es calmi, es torni més lúcida i, així, sigui més flexible i es pugui utilitzar per conrear l'altruisme, la compassió i, al final, ser més feliç, com ell. I és que després de passar quaranta anys al Tibet ha arribat a la conclusió que el més important per a homes i dones és conquerir la llibertat interior per alliberar-nos dels processos mentals que generen odi, gelosia, arrogància, desig obsessiu, entre altres, a través de l'altruisme i la compassió.

Ricard creu que necessitem una societat més compassiva, en la qual cal tenir consideració pels altres i preocupar-se pel proïsme, ja que si no cooperem, tots hi sortirem perdent. Per què disminueix la qualitat de vida? Per què hi ha una bretxa tan gran entre el Nord i el Sud? Per què hi ha tanta pobresa? Ricard creu que el món podria solucionar-ho tot fàcilment amb els recursos que tenim i amb una dosi d'altruisme més gran.

D'altra banda, Martin Seligman, el pare de la psicologia positiva, de qui també he parlat més amunt, afirma que la felicitat consta de tres components. D'una banda, la recerca del plaer, essencial però efímer, predominant en la societat actual i, de l'altra, el desenvolupament de la capacitat interior per suportar els moments difícils i adaptar-nos-hi, així com la de posar-nos al servei d'alguna causa que ens transcendeixi, que sigui més important que nosaltres mateixos. Tot això ens pot causar la sensació de benestar, plenitud i satisfacció en la vida.

Perquè la felicitat no és la suma de les experiències individuals, va més enllà i té molt a veure amb la percepció i la memòria interna de la nostra vida en conjunt. Per aquesta raó la gratitud és clau. Gratitud per les coses bones i no tan bones de la vida. Veure la vida com una aventura en què, per descomptat, no tot és fàcil, però el centre de la qual és el procés mateix, no l'objectiu final. Viure amb el sentiment que cada dia és nou. Gaudir del camí i espolsar-se després de cada caiguda, perquè, com Diener va demostrar, passat un cert temps després de qualsevol tragèdia, se solen recuperar els nivells normals de felicitat de cada persona, i el que més ens costa de superar és la pèrdua d'una persona estimada i la del lloc de treball. Experimentar dolor en la vida dóna profunditat a la persona. Quedar-se aferrat al dolor no té sentit. En definitiva, cadascú és responsable de veure l'ampolla de la bellesa de la vida mig buida o mig plena.

Epíleg. Del protocervell al GPS: no és un gran canvi

Gairebé totes les percepcions del passat es guarden en l'inconscient, on s'arxiven sense ordre ni concert. A primer cop d'ull, només es localitzen uns quants records dels més de deu milions acumulats al llarg de mitja vida. Continuem sense saber on són els que ara mateix no hi són i que reapareixeran algun dia. O mai de la vida, i en aquest cas s'emportaran el secret del que hauria pogut ser i no ha estat.

La major part de l'evolució ha transcorregut sense ordre ni concert; això ha impedit predir el que passaria. No m'oblido mai del niu de trilobits gaudint del bressol marí que els aportava la presència inesgotable d'aliments orgànics; només feia uns dos-cents milions d'anys des que havia quedat enrere la seguretat del món clònic, que no tenia previstes les diferències insultants respecte dels altres organismes; del sistema de reproducció per subdivisió que garantia la forma de la vida i la seva durada per sempre.

I tot i això, de sobte, sense que ningú hagués pogut preveure-ho, una onada de lava d'un volcà pròxim va inundar el niu i va deixar sense oxigen els trilobits indefensos; en desenes de segon la capa de pedra ardent no va deixar ni un bocí de vida, de manera que on hi havia hagut batecs i moviment es va imposar el silenci etern d'un niu fossilitzat.

Les coses no han canviat tant des de llavors, com de vegades ens inclinem a creure. Hi ha menys volcans, és cert. Aquells organismes del període Cambrià havien desenvolupat un protocervell que els va permetre orientar-se millor en la recerca de la roca o espai on hi havia aliments; uns quants milions d'anys després van inventar el GPS, que els permetia localitzar directament el carrer on vivien els familiars amb qui havien decidit passar el cap de setmana. A poc a poc, es va perfilar el mecanisme intern per al sistema automatitzat dels processos que els eren essencials per sobreviure: quan feia massa calor, suaven; quan feia massa fred, s'abrigaven; amb els aliments en tenien prou d'empassar-se'ls perquè, de manera automatitzada, el seu organisme els digerís sense que ells se n'adonessin. La vida va deixar de ser una contingència per convertir-se en un procés perfectament controlat. O gairebé.

Quan ens enfrontem amb una amenaça continuem ponderant com ells, en primer lloc, si és millor lluitar o fugir: *to fight or to fly*. Si decidim lluitar, acceptem negociar amb els familiars de la nostra parella; si optem, al contrari, per la fugida, ho abandonem tot i comencem de zero una altra vida en un altre lloc, en un altre hemisferi.

La intel·ligència emocional de què tant es parla ara no és sinó un subproducte de la vida emocional que van inaugurar els mamífers com les rates una mica més tard. Som nosaltres mateixos, mamífers, amb un sistema emocional a penes diferent del dels nostres avantpassats immediats. Com ells, la nostra vida la dissenyen les emocions bàsiques i universals com l'amor i l'altruisme, l'odi o la ràbia.

Fa només uns cinquanta mil anys crèiem que el nostre cervell estava desenvolupant per fi la consciència de nosaltres mateixos; deixaríem de decidir-ho tot en funció de la intuïció i utilitzaríem almenys en part el pensament basat en la raó. Ara sabem que, si disposem de tota la informació relativa a un tema determinat que ens preocupa, val la pena avaluar-lo degudament, sempre que tinguem prou temps. Si tenim totes les dades referents al problema que ens preocupa i tot el temps imprescindible per avaluar-les, llavors val la pena recórrer al pensament anomenat racional. Ara bé, no és freqüent que es donin aquestes circumstàncies; el normal és que seguim immersos en l'inconscient, com els trilobits de fa cinc-cents milions d'anys.

Agraïments

Durant els últims anys he dialogat amb els meus lectors de múltiples maneres sobre el que els passa per dins, i em sembla que he après una mica més sobre com abordar les incerteses de la vida. A ells els dec, en primer lloc, el coneixement adquirit i, en segon lloc, la meva gratitud i reconeixement.

He procurat traslladar aquestes reflexions als meus llibres, però també als meus articles i col·laboracions en diversos mitjans de comunicació i, de manera regular, cada diumenge, al suplement *XLSemanal*, cosa que he d'agrair a Ana Tagarro.

A més, TVE m'ha brindat l'oportunitat, cada diumenge, des de ja fa quinze anys, a través del programa *Redes*, de contribuir a la irrupció de la ciència en la cultura popular. El meu reconeixement també als seus gestors.

L'entusiasta col·laboració de la periodista Thaïs Gutiérrez —dirigida pel meu editor, Ramon Perelló, amb el suport sempre eficaç d'Ana Camallonga i l'equip de Destino— m'ha ajudat a plasmar de manera adequada tot el que he volgut expressar.

Miriam Peláez, biòloga i directora científica de la productora Agencia Planetaria, ha revisat tots els textos, per garantir-ne el més alt rigor dels continguts. També vull expressar el meu agraïment a Beatriz Barco, Javier Canteros, Susana Pinar, Octavi Planelles, Cristina Sáez i Magda Vargas, de la mateixa empresa, per les seves valuoses i estimades aportacions.

Crèdits de les il·lustracions

Pàgina

23	© NASA
31	© SPL / AGE FOTOSTOCK
45	© Andersen Ross / Blend Images / Corbis
61	© World History Archive / AGE FOTOSTOCK
75	© Christoph Wilhelm / Getty Images
87	© Desarrollos informáticos ABADÍA®
93	© Alamy
107	© Desarrollos informáticos ABADÍA®
135	© BDM/Getty Images
141	© Tomas Rodriguez / Corbis
143	© Larry Downing REUTERS / Cordon press.
161	© Getty Michael Busselle – Getty Images
167	© Karsten Moran / Getty Images
183	© Rob Elliott /AFP / Getty Images
186	© Lluís Gene / AFP / Getty Images
194	© Kevork Djansezian/ Getty Images
206	© PIERRE-PHILIPPE MARCOU / AFP / Getty Images
207	© B. Deffe / A. Riviere / Cordon Press
225	© Laurence Monneret / Getty
229	© Getty Boombeg / Getty Images
232	© AISA
249	© Douglas Waters / Getty Images
255	© Carles Salom

Índex

Itinerari 7

Itinerari 8

Itinerari 9